Aussi du même auteur:

The Roller Coaster of My Bipolar Disorder
Autobiographie

Also from this author:

The Roller Coaster of My Bipolar Disorder
Autobiography

L'ÉCOLE BOUSILLÉE AU PROFIT DE L'ESTABLISHMENT

ESSAI SOCIOLOGIQUE

ROMÉO GAUVREAU, B.A., Ph.D.,...en B.S.

Commander ce livre en ligne à www.trafford.com
Ou par courriel à orders@trafford.com

La plupart de nos titres sont aussi disponibles dans les librairies en ligne majeures.

© Copyright 2014 Roméo Gauvreau, B.A., Ph.D.,...en B.S.
Adresse de courriel: rgovro@shaw.ca

Imprimé à États-Unis d'Amérique.

ISBN: 978-1-4907-3858-1 (sc)
ISBN: 978-1-4907-3860-4 (hc)
ISBN: 978-1-4907-3859-8 (e)

Library of Congress Control Number: 2014910231

Trafford rev. 06/12/2014

 www.trafford.com
North America & international
toll-free: 1 888 232 4444 (USA & Canada)
fax: 812 355 4082

Remerciements sincères,
d'abord à ma mère, Mélanie Caron Gauvreau,
dont la perspicacité et le courage
face à une vie de subjugation m'ont inspiré dans ce travail.
À ma maitresse d'école, Mlle Estelle
Landry, elle qui m'a patiemment
montré à lire et à écrire.
À mes enfants, François, Bernard et Annie,
aux enfants de Judy, Grant et Craig,
à ma première petite-fille, Charlotte Nicole,
et à cette femme qui m'a accompagné en enfer
de trop nombreuses fois et m'a reçu à bras ouverts
sur le chemin du retour, mon épouse, Judy.

Remerciements spéciaux au Dr Craig,
le fils de Judy,
qui m'a aidé avec la mise en page de ce livre,
et à mon fils François qui m'a aidé
avec le design de la couverture
et a accepté la tâche de garder mon ordi
en état de fonctionnement.
Merci au Dr Shete
pour son dévouement et sa persévérance
dans la résolution de ma bipolarité.
Enfin, merci à vous, mes lecteurs,
pour vos critiques constructives
et vos commentaires toujours appréciés.

Table des matières

Mise en garde

Ce livre contient des situations et des images qui ne sont pas appropriées pour toute la famille! Il est recommandé pour les 14 ans et plus, mais pas pour ceux qui n'auraient pas l'esprit ouvert ou qui s'offusquent facilement. Il contient des opinions très religieuses mais pas très catholiques...Je dois dire qu'il y aura des scènes de nudité...mais seulement de mon âme mise à nue.

> *«Peu d'êtres sont capables d'exprimer posément une opinion différente des préjugés de leur milieu. La plupart des êtres sont même incapables d'arriver à formuler de telles opinions.»*

Albert Einstein

Sans contredit, c'est la route la plus sure pour ne pas attraper trop de coups de pieds au cul. Mais aussi la route sur laquelle on choisit de suivre le troupeau, quelque soit sa direction. En ce faisant, je crois qu'on se renie soi-même, on trahit qui on est vraiment. On devient accessoire alors qu'on devrait être instrumental.

Tel qu'indiqué sur la couverture, c'est un essai ...seulement un essai. Mon nom n'est pas Benoit XVI, je ne suis pas infaillible. Mais ce que je dis, je le crois, et je suis prêt à traiter vos objections avec attention et respect.

À vous tous, chers lecteurs, qui avez accepté mon invitation à partager quelques idées et réflexions au travers des pages qui vont suivre, je dis un chaleureux *merci!* De même qu'on n'est pas un comédien sans une assistance, on n'est pas un auteur sans le lecteur. J'ai besoin que vous me receviez, j'ai besoin de

ROMÉO GAUVREAU, B.A., PH.D.,…EN B.S.

me confier à vous et de partager toutes ces pensées qui me pèsent.

J'espère que vous aurez autant de plaisir à le lire que j'en ai eu à l'écrire. Amusez-vous bien et… bonne récréation.

Préface

Vous venez d'accepter mon invitation à faire un bout de jasette et, peut-être, un bout de chemin ensemble. Pour cela, je vous dis grand merci. Car si vous n'avez pas besoin de moi, moi, j'ai besoin de vous, le lecteur. Mon livre n'est pas une sculpture complète et parfaite de moi, mais c'est la sculpture la plus fidèle d'une partie de moi que j'aie pu réaliser. Ce que vous y verrez ne sera peut-être pas toujours conforme à ce que vous pensez, mais il sera toujours conforme et fidèle à qui je suis.

Je dois vous prévenir que ce que vous lirez ne sera pas *la* vérité. Ce sera **ma** vérité et la vérité au-sujet de moi, j'espère. Il y a plusieurs sortes de vérité: la vôtre, la mienne et la vérité objective ou scientifique. Mais celle-là, on n'en possède pas beaucoup...et pas souvent. On vit avec sa vérité, ses demi-vérités, ses assomptions, les histoires des autres, les endoctrinements imposés ou choisis, la propagande, les racontars, les histoires à dormir debout ou ...assis (durant les sermons), les cours à l'école ou à l'université, les lectures, les conférences, les programmes de la boite à grimaces, les annonces publicitaires, les courriels, les rêves endormis ou éveillés, les conversations sérieuses ou banales, et bien d'autres encore.

Je crois que dans la vie, on n'a jamais toutes les bonnes réponses, mais que la vie peut être un défi intéressant si on emploie pleinement les réponses que l'on a et qu'on choisit des bonnes questions qui nous garderont l'esprit en éveil en attendant de trouver d'autres réponses. La vie est un défi sans excuses. Ça ne sert à rien de se plaindre; les autres ont autant de problèmes que nous et se foutent de nos rengaines, de toute façon.

ROMÉO GAUVREAU, B.A., PH.D.,...EN B.S.

Écrire un livre, ça ne se fait pas d'un coup de plume. C'est un travail de sculpture d'une œuvre que l'on façonne parfois pendant toute une vie, sachant que ça ne sera jamais parfait, mais tout en conservant l'ambition d'y parvenir.

> *«Hâtez-vous lentement, et sans perdre courage,*
> *Vingt fois sur le métier remettez votre ouvrage,*
> *Polissez-le sans cesse, et le repolissez,*
> *Ajoutez quelquefois, et souvent effacez.»*

Boileau

Introduction

Quand on examine le progrès sociologique de la civilisation au cours des deux derniers siècles et qu'on le compare au progrès technologique pour la même période de temps, on se rend compte d'un décalage très significatif. Et si le progrès sociologique est en recul sur l'avance rapide et très efficace de la technologie, c'est à cause de facteurs limitatifs trop nombreux pour être tous adressés dans cet essai. Mais parmi ces facteurs limitatifs, il y en a un en particulier qui a un effet dominant sur la civilisation. Je veux parler de la coercition et son effet corrosif sur toute entité socioculturelle.

On trouve la coercition à tous les niveaux de la société. Je ne toucherai à tous ces niveaux que brièvement. C'est trop vaste pour être adressé en un seul volume. Plutôt, je vais concentrer mes efforts et traiter en profondeur d'un aspect de la société: notre système scolaire.

La vie dans son entier est une école. On ne cesse jamais d'apprendre à l'école de la vie, même quand on n'est pas très bon à cette école. L'école de la vie se présente sous plusieurs formats différents dont le premier est la famille. C'est la première et la plus importante de toutes les écoles.

Ensuite, il y a la maternelle, l'élémentaire et le secondaire, pour la plupart, le cégep, et l'université pour certains. Pour une majorité des gens, en plus de celles-là, il y a le lieu de travail, l'église pour certains, et, pour tous, il y a le gouvernement sous ses formes multiples. Le dernier mais non le moindre, il y a l'école des pairs. Ce n'est pas reconnu comme tel, mais c'a une forte influence sur nous, mais plus particulièrement sur nos enfants.

Dans la tâche présente, nous connaissons le sujet, l'éducation, et ses agents, la famille et l'école. Nous connaissons le but avéré de l'école: éduquer (instruire) les enfants. Nous connaissons aussi son *«modus operandi»* ou sa façon d'opérer: garder les enfants boulonnés à un banc d'école pendant 12 ans, tout en essayant de leur remplir la tête avec de l'information et de leur donner des tests sur le matériel couvert, pendant qu'on les force à la soumission.

Je me propose d'examiner la connexion de la coercition avec la société et sa culture prévalante, et quel rôle elle y joue. Et pour ce faire, on se doit de regarder ce qui alimente les civilisations. Par conséquent, je vais commencer avec le système scolaire et graduellement, je m'attaquerai au système ultime ou la société et son courant sous-jacent. De toutes les différentes écoles que j'ai nommées auparavant, les enfants, la famille et le système scolaire sont celles dont je me préoccuperai et que je me propose de traiter. Si j'ai mentionné les enfants comme une des sortes d'écoles, c'est que chaque enfant qui nait est un modèle de ce qu'est un humain authentique, avant que la coercition le brise. En soi, l'enfant est un livre d'anthropologie!

J'ai cru bon de joindre à mon essai quelques poèmes qui, je l'espère, ajouteront de la douceur à l'esprit et à l'atmosphère de l'entretien. Je parlerai souvent de l'école sous ses différentes formes et du dilemme auquel elle fait face, au cours de cet entretien avec vous. Mais avant, je vous présente un premier poème que j'ai composé il y a quelques moments déjà...et que je viens tout juste de traduire en français pour vous et qui, j'espère, vous plaira.

L'éducation est peut être la seule chose à laquelle les gens croient encore aux Etats-Unis (et au Canada). *D'oser interroger l'éducation est vraiment dangereux. C'est un tabou absolu. C'est comme de dire au monde, qu'il n'y a pas de Père Noël.»* (Parenthèses et traduction de l'anglais par l'auteur)

Peter Thiel

Dis mon frère, dis ma sœur,

M'aiderez-vous
Quand nous nous rencontrerons
Sur les routes souvent poussiéreuses de la vie?
S'il vous plaît, m'aiderez-vous dans ce labyrinthe
Que ces routes poussiéreuses forment, souvent?
Dans- ces sentiers sans fin, aux culs-de-sac mal illuminés,
Où j'erre trop souvent sans but,
Entre ces hauts murs offrant
Des fissures de ciel mais pas de sorties?
Ces hauts murs qui, trop souvent,
Parlent de craintes et de désespoir?

Dis mon frère, dis ma sœur,

M'aiderez-vous à détourner ma vue de ces murs de résistance
Vers ces failles de ciel pleines de lumière et de promesses?
Me montrerez-vous comment décorer ces murs-là
Avec des arrangements de cailloux de couleur,
Me servant de la boue du sentier comme ciment
Pour créer plusieurs fleurs abondant de pétales?
M'aiderez-vous à tracer sur ces murs
Des sentiers plus droits à destinations heureuses?
Et, ce faisant, m'aider à goûter le voyage
Et me rappeler que le Bonheur n'est pas une destination,
Mais une façon de voyager qui peut se changer en balade?
Un voyage fait de journées enceintes
d'anticipation et de découvertes?

Dis mon frère, dis ma sœur

M'aiderez-vous à détourner ma vue de votre corps fatigué
Vers ces fenêtres dans votre visage, vers le sourire sur vos lèvres,
Vers le scintillement dans vos yeux,
Ces portails de votre coeur, ces portes de votre âme,
M'invitant à un doux bercement dans ce refuge plein d'hospitalité?
Aidez-moi à me trouver, aidez-moi à trouver ma voie.
Laissez-moi voir votre unicité,
Votre Source d'énergie, votre ascendance divine.
Laissez-moi voir la lumière qui jaillit
De toutes les fibres de votre être spirituel.
Laissez-moi me mirer dans ces miroirs de votre âme
Que sont vos yeux mystérieux.
En ce faisant, laissez-moi réaliser combien
nous sommes semblables,
En beauté, en grandeur, en hospitalité cordiale.

Dis mon frère, dis ma sœur,

M'aiderez-vous à voir tout cela en vous, en moi, en tout ce qui est?
Si vous faites cela pour moi, pour vous, pour les autres,
Vous serez le meilleur professeur,
De lumière, de vie, de possibilités, de bonheur éternel: d'Amour!

Dites mes frères, dites mes sœurs, je vous aime tous!

Roméo Gauvreau, poème composé et délivré dans une soirée
de poésie (poetry slam) à Bali, en Indonésie, en mai 2006.

1

Le cheminement d'un titre

«*Chacun de nous a son passé renfermé en lui comme les pages d'un vieux livre qu'il connaît par cœur, mais dont ses amis pourront seulement lire le titre.*»

Virginia Woolf

Comme pendant une longue grossesse, j'ai porté ce livre dans mon cœur et mon âme depuis 1968-69. En ma quatrième année d'enseignement à l'École polyvalente de Carleton, au Québec, j'ai commencé à réfléchir sérieusement sur la nature du système scolaire au Canada et au Québec en particulier. Et naturellement, la pensée d'écrire un livre sur le sujet me vint à l'esprit. Je ne suis pas qualifié pour écrire ce livre... Je veux dire...je ne suis pas un Prof d'université, un psychologue ou un sociologue. J'ai été impliqué dans le système scolaire pendant près de 17 ans comme étudiant et pendant 6 ans comme enseignant.

Pour moi, c'était assez long pour découvrir que je n'aimais pas l'école après la sixième année mais que j'ai cependant aimé mes 6 années d'enseignement, en dépit de mon insatisfaction avec le système scolaire. Durant ces 6 années j'ai refusé de faire ce que je considérais nuisible pour les étudiants ...et cela, sans conséquences pour moi. Je quittai l'enseignement après 6 ans en dépit d'une offre très généreuse de la part de mon principal. Il m'offrit une position de principal adjoint avec le double du salaire. J'ai décliné son offre et je donnai ma démission sur le champ. Je ne pouvais plus endurer la politique de la commission scolaire ni l'atmosphère coercitive de l'école.

Je dois vous avouer que, pour des raisons que je ne connais pas, j'ai été un non-conformiste depuis aussi longtemps que je puisse me souvenir. Ma première démarche non-conformiste fut d'abandonner mes cours de pédagogie à l'Université de Montréal en Décembre 1960 et de ne pas compléter mon diplôme. La raison d'une telle décision était ma conviction que le curriculum n'était pas pertinent à l'éducation et n'aidait pas le professeur en moi à apprendre comment co-parenter les enfants. J'ai donc abandonné et je ne l'ai jamais regretté.

Ma seconde démarche non-conformiste fut de «*domper*» la religion catholique en 1962 ou 63. Un bon dimanche, durant la messe, j'ai réalisé que j'en avais mon voyage avec leurs histoires insipides et je me préparai à me lever debout et donner ma façon de penser au curé durant son sermon. Ma femme d'alors, consciente de mes sentiments de frustration envers l'église me prit par le bras et me dit:

«Je pense qu'on est mieux de s'en aller!»

Elle avait raison. Je ne pouvais plus continuer de prétendre que tout était rosé. Je ne suis pas contre les bordels qui vendent du sexe, mais ...je suis catégoriquement contre une religion qui vous force à vous prostituer et en même temps essaie de vous faire croire que c'est la volonté de Dieu...

La troisième fois fut quand je commençai à enseigner et que je réalisai que, loin d'avoir évolué depuis mes années passées à l'école et au séminaire de Gaspé, l'école était devenue, dans sa nouvelle forme,-les polyvalentes-une sorte de camp de concentration gouvernemental! L'atmosphère en était devenue de plus en plus impersonnelle. Les étudiants y seront dorénavant comme des numéros perdus dans une mer de corps cherchant pour leur prochain local de classe comme les vaches dans la grange cherchant pour leur crèche...

Plus la densité d'une population est élevée, plus ça devient stressant pour les gens. Quand on ne maintient pas un certain espace alentour des humains, comme avec tout autre animal, cela crée une certaine tension et souvent une agressivité à fleur de peau. Mais ne mettons pas la charrue avant les bœufs!

Ce livre que je dépose sur ces pages blanches a passé plus de quarante-cinq ans à mijoter à petit feu dans mon esprit pendant qu'il s'écrivait en moi. Ce livre est dérangeant, au dire de la société qui se méfie des «*ceuses*» qui s'éloignent des sentiers battus. Le premier titre qui me vint à l'esprit en 1968 était: *Il faut fermer les écoles!*

De ce titre en 1968, il demeura en dormeuse pour environ 25 ans. Et un jour, Sheila, une amie de la famille, m'apporta un livre sur le système scolaire américain intitulé *Dumbing us Down* ou, «*Nous abrutissant*», par John Taylor Gatto. Il avait en sous-titre *L'agenda caché de la scolarisation obligatoire.* Cet auteur avait enseigné dans l'État de New York pendant presque 30 ans. Quatre fois durant sa carrière très réussie, il reçut le titre de «*Professeur de l'année.*» Et de façon très inattendue, il quitte l'enseignement et il entreprend la tournée des États-Unis et donne des conférences portant sur ce qu'il pense du système scolaire. *Et son opinion de notre système scolaire n'est pas reposante!*

Je finis la lecture de son livre plus convaincu que jamais que mon procès de notre système scolaire avait du mérite et que je me devais de continuer l'écriture de mon livre. Et sous peu, le titre: *L'École, usine d'abrutissement* était né et demeura le même jusqu'à il y a quelques mois. Et vous savez le reste.

J'ai passé presque cinquante ans à essayer de comprendre pourquoi la civilisation est tellement en retard sur la technologie. Et pourquoi nous n'avons pas atteint un niveau de civilisation assurant la paix et l'harmonie entre les pays du monde ni la paix entre les citoyens de ces pays; je crois avoir possiblement trouvé la réponse.

Que la coercition soit le talon d'Achille de l'éducation, est, en bref, ce que je vais tenter de démontrer aussi clairement que possible. C'est une assomption audacieuse de ma part, mais une assomption qui me tient fortement à cœur. Et avant de nous lancer dans le débat, familiarisons-nous avec le mot coercition et ses implications diverses.

> *«Il y a seulement deux places dans le monde où le temps a précédence sur la tâche à accomplir: l'école et la prison.»*

William Glasser

2

La coercition et l'establishment

«Si nous souhaitons conserver une société libre, il est essentiel que nous reconnaissions que la désirabilité d'un objet particulier n'est pas une justification suffisante pour l'emploi de la coercition.»

(Traduit de l'anglais par l'auteur)
Friedrich August von Hayek

La coercition, c'est quand une personne ou un système emploie la force ou l'intimidation pour obtenir la conformité. Souvent dans cet essai sociologique, je vais employer le terme *«establishment»* quand je parlerai de la gouvernance d'un pays. Et par gouvernance, je fais référence au gouvernement en place, c'est sûr, mais je fais aussi référence à ce qui fait bouger les pantins à la tête des gouvernements: les grosses puissances monétaires qu'on appelle corporations. La plupart des pays industrialisés mesurent leur importance ou leur pouvoir par leur force de frappe militaire. Ils fléchissent leurs *«muscles nucléaires»* face aux autres pays. Mais il ne faut pas oublier que, **la coercition et non le pouvoir nucléaire est l'arme de destruction massive numéro un dans le monde.**

On n'a qu'à penser aux États-Unis, à la Russie, à la Chine, à la Corée du Nord, à la France, à l'Israël et même à l'Iran -qui a ou n'a pas d'armes nucléaires- pour comprendre le rôle de la coercition dans la ligue majeure des pouvoirs du monde. Un pays n'a pas à posséder beaucoup d'armes nucléaires pour représenter une menace formidable. On a seulement à considérer le fait que la Chine possède seulement 250 bombes nucléaires, comparé aux États-Unis et à la Russie qui possèdent respectivement 7700 et 8500 bombes nucléaires.

Si un pays devenait assez présomptueux et stupide pour oser attaquer la Russie ou les États-Unis avec des armes nucléaires, il réaliserait rapidement que c'était un dangereux faux pas... D'un autre côté, si ce même pays décidait d'attaquer Israël avec ses 80 bombes seulement, il aurait à faire face à une défense possible de leur 80 bombes nucléaires... plus les 7700 des États-Unis! Même situation si on attaquait la Chine. Leurs 250 unités plus les 8500 de la Russie, seraient plus que suffisantes pour anéantir leur ennemi...et le reste de l'humanité du même coup, eux inclus!

Osons espérer qu'on n'en arrive jamais là. Et revenant à des pensées plus paisibles, où est-ce que la coercition commence à se manifester? Il semble qu'elle commence dans le gouvernement et se faufile jusque dans la famille. Ça semblerait donc un mouvement linéaire du haut vers le bas. Mais regardons-y de près pour voir si le gouvernement est vraiment l'origine du phénomène.

La plupart des parents et des enseignants ont eux-mêmes été endoctrinés et façonnés par la culture ambiante, y inclus l'école. Et avec les périmètres rigides du système scolaire, presque tous ont fini par adopter une attitude de conformisme et de subjugation qui fait maintenant partie de leur constitution psychologique. Ça peut sembler cynique d'avancer ces choses, mais je me propose de démontrer la véracité de ces implications sérieuses avant de conclure cet essai.

À première vue, il semble donc que la coercition a bel et bien sa source dans *l'establishment.*

3

Coercition et scolarisation obligatoire

«La vérité c'est que l'école n'enseigne vraiment rien excepté comment obéir aux ordres.»

Noam Chomsky

Quand on nous dit que les écoles de notre province ou de notre pays se comparent assez bien avec les écoles des autres pays industrialisés, qu'est-ce que ça veut dire? Ça veut dire que la performance académique de nos écoles est égale ou supérieure à celle de la plupart des pays industrialisés.

«Les évaluations académiques de nos écoles offrent des tables détaillées montrant comment nos écoles ont bien fonctionné dans les matières académiques au cours des dernières années.
(Traduction de l'anglais par l'auteur)

(www.fraserinstitute.org)

Pour moi, quand tout ce dont nous pouvons nous vanter, concernant notre système scolaire sont nos performances académiques, je suis très perplexe! Dans mon échelle de valeur, l'académique est loin d'être en tête de liste. Voici ce que je pense de ces bulletins d'évaluation scolaires:

Un système scolaire qui arrive premier en académique et deuxième:

dans le respect de l'étudiant,
dans la qualité de relation entre les enseignants et l'étudiant,
dans son degré de cohésion avec les étudiants,
dans son approche non coercitive avec les étudiants,
et finalement:
un système scolaire qui est premier en académique et *deuxième ou troisième dans sa vocation coparentale des étudiants, ne mérite pas le nom d'école!*

Et je pourrais continuer... Mais je crois que vous saisissez!

Donc nous forçons nos enfants à aller à l'école. En loi, l'école est obligatoire de l'âge de 6 à 16 ans. Tous seront d'accord qu'il n'y a pas de problème avec aller à l'école et obtenir une éducation. De plus, si l'école délivre cette éducation sans abuser les enfants, il semble tout-à-fait raisonnable d'envoyer nos enfants à l'école.

Ma tâche sera de trouver si l'école délivre l'éducation tant convoitée qu'elle promet. Et est-ce qu'elle emploie la coercition pour y arriver? Si oui, quelles en sont les retombées psychologiques, sociales et spirituelles sur nos enfants.

«En loi, la coercition est classée comme un crime de contrainte. De telles actions pour forcer la victime à agir d'une façon contraire à ses propres intérêts.... pourra conduire à la coopération ou à l'obéissance de la personne étant contrainte.» (Traduction de l'anglais par l'auteur)

(Wikipedia)

Cette partie de la définition: *«...forcer la victime à agir d'une façon contraire à ses propres intérêts»* est cruciale ici pour comprendre les ramifications de la scolarisation obligatoire. En définitive, en ce qui nous concerne, les victimes sont les étudiants... Je les considère des victimes du fait que, en majorité, ils n'y vont pas par choix.

Environ 75-80% d'entre eux y vont contre leur gré, forcés par la loi rendant l'école obligatoire et suite à la pression des

8

parents renforçant cette loi et les obligeant à y aller. C'est là un exemple de coercition parentale. Il y en a bien d'autres, comme nous le verrons. Comment cela pourrait-il être à l'encontre des propres intérêts des enfants? La réponse à cette question, courte, mais très à controverse, sera, je l'espère, démontrée dans le bouquin que vous tenez en main.

> «Tout le monde est un génie. Mais si vous jugez un poisson par sa capacité à grimper dans un arbre, il passera toute sa vie à croire qu'il est stupide.»
> (Traduction de l'anglais par l'auteur)
>
> Anonyme, bien souvent crédité à Albert Einstein

Presque tout le monde a entendu parler de Platon et quel sage philosophe il était. Il a vécu il y a plus de 2400 ans et sa philosophie fait encore plus de sens que celle de beaucoup des philosophes d'aujourd'hui. Il nous a laissé beaucoup de sagesse en héritage. Nous en utilisons un peu dans nos conversations de chaque jour. Ces perles en sont un exemple:

«La nécessité est la mère de l'invention.» «La beauté réside dans les yeux du spectateur.» Et beaucoup d'autres.

Une de ses pensées concernant l'éducation des enfants porte à réflexion.

> «L'exercice corporel, lorsqu'il est obligatoire, ne fait aucun mal au corps; mais la connaissance qui est acquise sous la contrainte n'obtient pas de prise sur l'esprit.» (Traduction de l'anglais par l'auteur)
>
> Platon, La République

Cela signifie clairement que nous ne pouvons pas transmettre de connaissances aux enfants au moyen de la coercition. Nous pouvons les forcer à s'asseoir tranquilles et faire semblant d'écouter, mais c'est tout!

Dans ma tentative pour démontrer que l'école emploie la coercition comme une façon de contrôler les étudiants et de les forcer à l'obéissance, laquelle coercition est une forme d'assujettissement,-*pour ne pas dire une forme de harcèlement*—j'essayerai d'être juste envers les professeurs et les principaux d'école. Car ceux-ci sont pognés dans un système conçu il y a plus de 150 ans par un gouvernement qui avait à l'esprit *du dressage et non de l'éducation.* C'était là l'instauration et la légalisation de la scolarisation obligatoire par le gouvernement américain, laquelle fut adoptée par le Canada au début du 20ième siècle.

On doit se rappeler que l'enseignement est une job du gouvernement et que le système scolaire est un ministère du gouvernement. Ainsi les commissions scolaires sont des gouvernements satellites, chacun administrant les écoles de son territoire. Si vous lisez la citation qui suit, vous découvrirez ce que je pense des commissions scolaires...

«En premier lieu Dieu créa les idiots. C'était pour se pratiquer. Ensuite il créa les commissions scolaires.»* (Traduction de l'auteur)

Mark Twain

L'emploi de la force est moins fréquent qu'il l'était de mon temps, mais il existe encore dans de nombreux pays. *L'emploi de l'intimidation pour obtenir la soumission,* d'autre part, est le pilier de notre système scolaire, de certaines de nos religions de tous les gouvernements, et des forces militaires et policières du monde. Et on ne peut pas parler de coercition sans parler du pouvoir, en partant de celui du premier ministre jusqu'à celui du citoyen.

Je ne suis pas sûr que, de façon réaliste, nous puissions forcer *l'establishment* à changer ses règles du jeu. Car, de les forcer, exigerait de nous que nous employions la coercition, ce dont nous tentons de les convaincre de s'abstenir... Ce serait contradictoire et illogique. J'opterais plutôt vers l'éducation pour déprogrammer les gens au bas de la chaine de commande,-vous et moi- de l'endoctrinement auquel nous avons été soumis au cours de notre vie.

Et une des façons de réaliser ce but est d'aider les gens à réaliser que nous avons tous été endoctrinés à partir d'un très bas âge par toutes nos institutions sacrées, y inclus la famille dans la majorité des cas. Et une façon de corriger la situation est de se mettre en garde contre tout endoctrinement, fut-il de la reine d'Angleterre, de notre premier ministre ou du pape! Éventuellement, cela apporterait un renouveau sociétal important de ces institutions, et en même temps, un accroissement de notre rôle en société et du niveau de notre autonomie.

Écrire des blogs sur le sujet ou même des livres servirait jusqu'à un certain degré à nous éduquer et à nous informer, nous-mêmes et les autres, sur le rôle capital de la coercition dans le déraillement des affaires humaines.

C'a pris au-delà de 100 ans à l'école, à l'église et au gouvernement pour subjuguer les gens à ce degré extrême. De renverser les vapeurs ne se fera pas du jour au lendemain! Mais si nous n'essayons pas, des millions d'enfants vont continuer d'être victimes d'un endoctrinement coercitif. Alors, pour moi, l'école est la première place par où commencer, avec la collaboration des parents. Ce sera une bataille difficile contre la culture, mais je ne connais pas d'autre façon ou d'autre place par où commencer qu'à l'école et dans la famille.

Un jour, vers 1880, alors qu'Edison essayait de trouver un meilleur filament pour son ampoule à incandescence, un de ses aides lui fit remarquer:

«Monsieur Edison, ça fait au dessus de 1000 fois que vous essayez de trouver un meilleur filament sans succès. Ne pensez-vous pas que vous devriez abandonner?»

Monsieur Edison répliqua: *«Je connais maintenant 1000 façons qui ne marchent pas. Je devrais trouver la bonne façon très bientôt!»*

Et si l'on en croit l'histoire, la fois suivante fut un succès.

Alors il nous faut continuer d'essayer parce que c'est une cause aussi valable que n'importe laquelle cause à laquelle nous puissions possiblement nous attaquer et aussi parce que d'aider notre prochain nous aide tous les deux à s'actualiser dans la grande école de la vie où le voyage de l'âme est plus important que l'argent, le pouvoir et les succès mondains tous ensembles!

> *«Un enfant dont la vie est remplie de menaces et de peurs d'être punis est enfermé dans la petite enfance. Il n'y a pas de possibilité de grandir pour lui, d'apprendre à prendre la responsabilité de sa vie et de ses actes.»* (Traduit de l'anglais par l'auteur)

John Holt

4

L'École: c'est quoi?

«Je pense que les écoles font une job effective et terriblement dommageable en enseignant aux enfants à être infantiles, dépendants, intellectuellement malhonnêtes, passifs et irrespectueux de leurs propres capacités de développement.» (Traduit de l'anglais par l'auteur)

Seymour Papert

Quand on entend le mot *«école»*, une image d'un bâtiment apparait sur l'écran électronique de notre cerveau. C'est là où nous conservons toutes les images qui forment notre album de portraits dont le docteur Glasser parle dans son livre *La Théorie du Contrôle*.

On se souvient d'être allés à l'école, une place où nous étions forcés de nous assoir droits et en silence et, pour la plupart d'entre nous, d'écouter une litanie de sujets ennuyants *pour une éternité*, chaque jour! Et, dans ce bâtiment, on nous adressait non pas comme des personnes ou des enfants ou des amis, mais comme:

«Classe! Classe faites ceci!» Ou, *«Classe! Faites ça!»*

Ou, plus souvent:

«Toi! Retournes-toi en avant! Tiens-toi droette et farmes-toi la!»

Pour la plupart des gens des pays industriels, le mot école évoque une institution où vous deviez passer 10-12 ans de

13

votre enfance parce qu'on vous y envoyait. Vous étiez trop jeunes pour la choisir quand vous avez commencé et...il était illégal d'arrêter quand vous avez découvert ce qui en était et que vous la haïssiez. De plusieurs façons, c'était un camp de concentration à peine déguisé. On vous groupait artificiellement par âge et souvent par sexe dans des sous-écoles appelées: classes. Pour certains parents, ça ne semble pas les déranger qu'on fasse ça à leurs enfants. Pour d'autres, ça les dérange à différents degrés mais ils ne savent pas ce qu'ils pourraient faire à son sujet.

J'admets qu'il n'est pas facile de se battre contre *l'establishment*. Le seul obstacle plus formidable à conquérir que *l'establishment*, c'est le milieu où le niveau d'endoctrinement social qui donne le ton à la culture de cette société.

En regardant l'étymologie du mot école, je découvre que les anciens grecs employaient le mot *skolè* qui veut dire loisir, temps employé pour soi. Et pour clarifier davantage l'étymologie du mot école, on donne ceci:

> **«...dans la culture grecque plus ancienne, ça signifiait «du temps mis de côté pour soi-même», i.e., temps de loisir qu'on emploie pour apprendre des aperçus de vie importants, non pas des compétences professionnelles...»** (Answers, website.) (Traduit de l'anglais par l'auteur)
>
> Bill Casselman, Sur Twitter

En d'autres mots, pour en arriver à vous connaître vous-mêmes et pour atteindre l'actualisation de soi! Dans notre façon coercitive de traiter nos enfants, une vaste majorité d'entre nous emploient le châtiment corporel. Certains emploient des «armes» pour discipliner leurs enfants comme beaucoup de gens le font à travers le monde, avec des fouets, des ceintures de cuire, des bâtons de bambou, et tout un arsenal d'autres armes.

En général, on n'aime pas l'emploi du terme «arme» pour décrire l'extension de la main pour ce qu'on appelle châtiment corporel. Mais n'ayons pas peur des mots. J'ai consulté le web pour voir quelle est la situation dans le monde, concernant le châtiment corporel. Voici un extrait du long article que je vous encourage à lire si vous désirez en connaître davantage.

CHAPEL HILL, NC — Donner la fessée a diminué aux États-Unis depuis 1975 mais,

> *«...près de 80% des enfants d'âge préscolaire se font encore discipliner de cette façon. ...ça demeure fréquent à la grandeur du monde, en dépit des interdictions contre le châtiment adoptées dans 24 pays depuis 1979.»* (Traduit de l'anglais par l'auteur)

Et le Dr Desmond Runyan, MD, DrPH, professeur de médecine sociale à UNC et auteur principal d'une étude effectuant des sondages en Égypte, aux Indes, au Chili, aux Philippines au Brésil et aux États-Unis pour découvrir les variations internationales dans l'emploi des châtiments corporels ajoute:

> *«...les découvertes sont austères. Le traitement dur des enfants était épidémique dans toutes les collectivités. Nos données supportent les conclusions que les mauvais traitements se produisent dans toutes les nations.»* (Traduit de l'anglais par l'auteur)

Dr. Desmond Runyan,

5

L'éducation c'est quoi?

«Si on avait cent professeurs, bons professeurs provenant de bonnes écoles, et qu'on leur demandait de définir le mot éducation, on aurait très peu d'accord général.» (Traduit de l'anglais par l'auteur)

William Glasser

Si on se réfère à l'étymologie du mot éducation, on trouve qu'il vient du latin *«educare»*, élever, éduquer, lequel se rapporte à *«educere»*, sortir de, de *«ex»*—en dehors de + *«ducere»* conduire.

Ceci pourrait être interprété ainsi: ***«sortir une personne de l'ignorance, ou, extirper d'une personne son intelligence innée.»*** *(answers.yahoo.com)* (Traduit de l'anglais par l'auteur)

Sans aucune hésitation, je choisirais la deuxième interprétation: *«faire ressortir l'intelligence innée d'une personne.»* Et la raison pour ce choix est que je ne crois pas qu'on puisse faire sortir nos enfants hors de l'ignorance. Nos enfants ne sont pas ignorants. *Notre système d'éducation les rend ignorants!*

Tout comme la statue de la femme se trouve déjà dans le bloc de pierre, ainsi la forme et la brillance du diamant se trouvent déjà dans la gangue.

La brillance et l'humanité sont déjà dans l'enfant à la naissance. Il faut leur permettre de ressortir en exposant l'enfant à un environnement propice à la découverte de soi, de la création et de leur interconnexion.

Pour éduquer nos enfants, le professeur doit se munir d'une bonne dose d'intégrité, de curiosité, d'enthousiasme, une attitude de coopération et d'ouverture, une capacité d'émerveillement et une tonne d'amour inconditionnel des enfants, ce qui, en passant, présuppose l'amour de soi.

Nous avons étés incités par nos professeurs, par les médias, par nos gouvernements, par nos pairs, à croire que notre système scolaire était une condition «*sine qua non*» à notre succès dans la vie. On a eu un lavage de cerveau qui nous a poussés à croire que sans un diplôme de douzième année, on n'irait nulle part et qu'on ne serait jamais heureux! Mais tout cet endoctrinement faux nous était servi avec une surdose du plus puissant poison au monde: la coercition.

«Le vieux système où chaque enfant était enfermé et mis sans arrêt dans une compétition de coupe-gorge avec chaque autre enfant pour des prix ridicules appelés des notes, est brisé de façon irréparable. S'il avait pu être réparé il l'aurait déjà été. Bon débarras!

John Taylor Gatto

L'écolisation obligatoire débuta autour de 1855 aux États-Unis et vers 1910 au Canada. Est-ce à dire que les gens vivant avant cette période n'étaient pas éduqués? Est-ce que le siècle dernier a produit des philosophes égaux ou supérieurs à Platon? Des musiciens prodiges meilleurs que Mozart? Des peintres ou des scientistes égaux ou supérieurs à Leonard de Vinci?

Et que dire d'Archimède, Aristote, Euclide, Pythagore, Isaac Newton, Renée Descartes, Marie Curie, Sophie Germain et de Blaise Pascal?

L'avance technologique d'aujourd'hui a été rendue possible pour les ingénieurs, les architectes et les inventeurs du vingtième siècle uniquement à cause de ce qui avait été réalisé par ceux qui sont venus avant eux et *avant l'écolisation obligatoire.*

Et l'incroyable avancement des derniers 50 ans en cybernétique ne se compare pas avec l'avancement des 10 prochaines années.

Ça semble impossible? Plus on avance en technologie et en gadgets, plus on a de l'expertise, des connaissances et des outils raffinés permettant de plus grandes enjambées pour une cohésion plus harmonieuse avec les lois de l'éternelle création

La question reste donc posée: est-ce que nos enfants reçoivent une éducation dans nos écoles? Le consensus général est probablement que nos enfants reçoivent une certaine éducation. Personnellement, je soutiens que non. Je vais m'efforcer de partager avec vous mes pensées sur ce sujet litigieux.

> *«L'éducation, ce n'est pas l'empilement de l'apprentissage d'informations, de données, de faits, de compétences ou d'habiletés –ça, c'est de la formation ou de l'instruction- mais c'est plutôt de rendre visible ce qui est caché comme une graine.»*
> (Traduit de l'anglais par l'auteur)
>
> Thomas Moore

Par le biais de l'éducation physique et des activités parascolaires, dépendamment de l'attitude du professeur, il pourra y avoir une bonne dose d'éducation. En ce qui concerne l'instruction, après l'étude de l'écriture, de la lecture et de l'arithmétique, le montant d'information utile transmise est très discutable.

Et, à ne pas négliger, il faut mettre ça dans la balance avec les répercussions extrêmement nuisibles de l'atmosphère coercitive de l'école. Je désapprouve définitivement notre système scolaire. Si j'avais des enfants d'âge scolaire, je ferais tout en mon pouvoir pour ne pas les soumettre à cette influence corrosive!

6

Introduction à l'école

«Ce que vous laissez pour la postérité n'est pas ce qui est engravé dans les monuments de pierre, mais ce qui est tissé dans la vie des autres.» (Traduit de l'anglais par l'auteur)

Périclès

De nos jours, de plus en plus d'enfants commencent leur expérience scolaire par la maternelle. Le degré d'aide que ça leur apporte dépend du degré avec lequel on les a aidés à grandir normalement et à accroître leur socialisation au foyer. Et aussi, ça dépend du degré d'instinct maternel du personnel de la maternelle et des politiques de l'établissement.

Les enfants entrent à cette première école entre les âges de 3 et 5 ans. De cette façon, la transition de la vie en famille à la vie de l'école se fait plus en douceur que dans notre temps. Le choc psychologique et sociologique de cet évènement très important dans la vie de nos enfants est beaucoup moins traumatique que de commencer en première année dans une grande école aliénante et impersonnelle avec un programme de travail et des règles strictes.

Sorti du cocon psychologique et social que la famille représente, l'enfant se retrouve dans un milieu social élargi dans lequel il doit être introduit lentement et soigneusement si on ne veut pas le traumatiser. Jusque là, toute situation nouvelle à laquelle il a dû faire face s'est passée en présence de et avec le filet de sécurité offert par sa mère ou par son père ...ou les deux. Mais cette fois-ci, les règles du jeu ont été changées.

Pour la première fois dans sa vie, il ne peut pas courir vers ses parents pour du réconfort. Si sa relation avec la préposée à la maternelle n'a pas été établie et développée, nous avons une situation potentiellement destructive pour ne pas dire explosive. C'est sa première expérience en vol solo en société, et s'il n'a pas un instructeur de vol qui soit maternelle, il risque de s'écraser émotionnellement.

Dans des conditions idéales, si la socialisation de l'enfant est normale pour son âge et qu'il est prêt pour ce tsunami social, il devrait négocier cette transition assez bien pour prospérer face à ce changement monumental dans sa vie. Cela lui permettra d'acquérir une plus grande autonomie et l'indépendance nécessaire pour une croissance personnelle et sociale normales.

On ne devrait jamais oublier que même si l'introduction à la maternelle nous semble tout-à-fait naturelle, pour notre enfant, c'est un pas très important. Il pourra même être impatient d'y aller si vous l'avez aidé proprement à améliorer sa compétence sociale depuis l'âge de deux ans ou même avant.

Sinon, ça pourra lui sembler terrifiant. Par conséquent, nous devons y introduire l'enfant graduellement. On ne devrait jamais le «domper» là et s'en aller sous le prétexte «qu'il va être correct et que le staff sait ce qu'il fait et qu'il n'est pas pire que les autres et bla, bla bla.» Ça, pour moi, c'est de l'abandonnement de l'enfant et ça devrait être évité à tout prix!

Si notre enfant ne se sent pas en sécurité à sa première visite, il est grandement recommandable que l'on reste avec lui assez longtemps pour qu'il connecte avec ce nouveau monde et avec un autre enfant ou d'autres enfants et pour nous de savoir qu'il s'y sent en sécurité.

Autrement, on devrait le ramener à la maison et essayer de nouveau, un autre jour, jusqu'à ce qu'il s'adapte à cette nouvelle famille, ce nouveau monde et s'y plaise.

Si après tous nos essais, l'enfant n'y semble pas heureux, cela pourrait signifier que sa socialisation n'est pas assez avancée et que l'on devrait reporter son entrée à la maternelle à plus tard. Dans certains cas, une visite à un spécialiste de la psychologie de l'enfance serait à conseiller. Et je parle de consultation pour le parent...

D'autre part, si la maternelle a été une expérience positive et heureuse, la transition à l'école élémentaire devrait se faire en douceur. Le programme de la première année est très différent de l'atmosphère de jeu de la maternelle. Ce n'est plus seulement des jeux et du divertissement. Il y a maintenant un programme de sujets à apprendre et la liberté de mouvement dans la classe est restreinte à comparer avec celle de la maternelle.

On assigne à chacun une place qui restera la même, tous les jours pour l'année. Le nombre d'élèves est plus grand et l'atmosphère y est moins détendue. Ça ressemble de moins en moins à une famille et de plus en plus à un centre de détention, ...*pour ne pas dire une prison.* Au lieu de jouer seulement, l'enfant doit maintenant s'acquitter de tâches obligatoires. Il vient d'entrer dans le monde du travail! *Il a 6 ans!!!*

> «*Le futur de l'Amérique sera déterminé par le foyer et par l'école. L'enfant devient largement ce qu'on lui enseigne; par conséquent, on doit faire attention à ce que l'on enseigne, et comment nous vivons.*» (Traduit de l'anglais par l'auteur)
>
> Jane Addams

Avec l'attitude: "*Ça nous a pas tué...*", souvent, on aide à perpétuer des méthodes et des pratiques qui sont possiblement dommageables à nos enfants.

Mon approche de l'éducation est totalement différente. À cause de la valeur incalculable de l'esprit humain, on ne peut pas se permettre d'être insouciant ou nonchalant en ce qui concerne l'atmosphère et le traitement auxquels on soumet nos enfants.

Ça ne devrait pas être l'affaire de la maternelle ou de l'école de décider de ce qui est bon ou de ce qui n'est pas bon pour notre enfant! Mais parce que nous avons capitulé, parce que nous avons été subjugués par les autorités, autorités religieuses, autorités gouvernementales et civiles, parce que nous avons été abrutis de tellement de façons, nous sommes devenus irresponsables au point de laisser le gouvernement décider pour nous dans des domaines où nous ne devrions jamais les laisser décider de ce qui est bon pour nous et pour nos enfants.

Les professeurs reçoivent des instructions d'une autorité gouvernementale leur disant quoi et comment enseigner. Et cela, sans consulter les parents ni les spécialistes de l'éducation que sont les psychologues, les professeurs et les parents. Plutôt, ils se fient sur quelque fonctionnaire soudainement promu ministre de l'éducation, une job où la connaissance de la psychologie de l'enfant a peu ou pas d'importance, semble-t-il!

Le système scolaire délivre parfaitement bien ce pourquoi il a été conçu: l'endoctrinement, la conformité et la désindividualisation de l'enfant au bénéfice d'un roulement doux et silencieux de la machine industrielle et sociopolitique!

«Le système d'entrainement éducationnel et professionnel au complet est un filtreur très élaboré qui élimine les gens qui sont trop indépendants et qui pensent pour eux-mêmes, et qui ne savent pas comment être soumis...» (Traduit de l'anglais par l'auteur)

Noam Chomsky

7

Notre système scolaire

«Mes enfants sont ce qui compte pour moi. Et à la fin de la journée, s'ils s'endorment heureux, confiants, et sachant avec toutes les fibres de leur être qu'ils sont aimés, valorisés et respectés, alors j'ai fait ma job.» (Traduit de l'anglais par l'auteur)

Jennifer McGrail, Le sentier le moins employé.

Nos écoles sont loin de laisser nos enfants *«savoir avec toutes les fibres de leur être, qu'ils sont aimés, valorisés et respectés...»* Certains croient que ce n'est pas le travail de l'école d'élever nos enfants.

Et beaucoup d'enseignants, sinon la grande majorité, sont d'accord avec ça. Ils vous auront vite dit que leur travail consiste à remplir la cruche des enfants avec les connaissances contenues dans le programme, un point c'est tout!

Pour eux, le contenu du programme est le *Saint Graal* de l'éducation. Eh bien, j'ose différer de cet avis largement partagé parmi les enseignants. Le contenu du programme *devrait* être très pertinent pour les enfants, mais est-ce que cela constitue de l'éducation *ou de l'instruction?* Il y a une différence énorme que je ne devrais pas avoir à expliquer aux enseignants.

Maintenant, le contenu du curriculum n'a pas été choisi par les parents, ni les enseignants comme ça aurait dû l'être. Il a été entièrement choisi par des gens qui avaient à cœur les intérêts du gouvernement et ceux des grandes corporations, ...mais pas ceux de nos enfants.

Le fait que le gouvernement ait choisi le curriculum sans consultation avec les parents ou les enseignants n'est pas le plus gros problème avec le système scolaire. Le problème colossal avec le système scolaire c'est le «*modus operandi*» de ce système, soit **la coercition**!

Permettez-moi d'employer une métaphore avec vous pour essayer d'illustrer un point. Retournons dans le temps, avant l'âge de la maternelle. Vous avez un bébé de 10 mois qui commence à s'agripper aux meubles pour se hisser debout.

Il le fait plusieurs fois par jour. Il apprend à se tenir debout et à garder son équilibre, une fois debout. Par instinct et avec sa créativité, il se prépare à marcher. À tout moment maintenant, avec un peu d'encouragement de votre part, il va lâcher prise de l'ameublement et tenter un premier pas peut-être un peu plus tôt que si vous ne l'encouragiez pas. La plupart des parents voient cet événement avec plaisir et enthousiasme. Mais même sans votre insistance, il/elle marchera bientôt, si il/elle est normal.

Que pensez-vous qu'il se passerait si, non seulement vous n'encouragiez pas votre bébé à marcher, mais vous le/la découragiez de marcher en disant à voix forte: «Non!», chaque fois qu'il/elle essaie de se lever?

Et pour s'assurer qu'il/elle ne marchera pas, vous le/la gardez dans un parc avec, sur le dessus, une toiture transparente trop basse pour lui permettre de se tenir debout et marcher, et la même chose avec son petit lit.

Je ne connaitrai jamais le résultat de cette expérience hypothétique, mais je dirais qu'il/elle apprendrait probablement encore à marcher, courbé en avant et peu à peu, il/elle développerait possiblement une courbature de la colonne vertébrale.

Maintenant, si on le/la libérait vers 3 ou 4 ans et on le/la laissait marcher sans restriction, il/elle pourrait progressivement corriger sa posture et finirait probablement par marcher érigé comme un enfant normal.

Je crois qu'un pédiatre nous mettrait en garde contre ce comportement stupide et cruel et prédirait des troubles possibles avec la colonne vertébrale et le bassin pour une longue période et peut-être pour la vie. Et psychologiquement, il y aurait très certainement des séquelles graves.

Maintenant, où est-ce que je m'en vais avec un scénario aussi terrible? Personne ne pourrait jamais en venir à faire une telle chose barbare à un enfant! C'est contre nature, c'est contre les droits de la personne humaine, c'est inhumain!

Avançons de quelques années dans le temps, si vous voulez, et observons un groupe d'enfants de 6 ans jouant dans une cour d'école. C'est leur premier jour à l'école. Certains jasent avec leurs nouveaux amis tout en jouant des jeux d'enfant, certains courent aux alentours, sautent à la corde, etc.

Toutes des activités d'enfants normaux. Beaucoup de mouvements du corps et beaucoup d'énergies dépensées. Beaucoup d'interactions au niveau de la relation. Et vous pouvez entendre un bourdonnement de bavardages, de rires, de cris: le bruit normal d'une foule d'enfants.

Soudain, une cloche ou un signal sonore remplit l'air avec un air d'urgence. C'est le temps de la classe! *Immédiatement*, ils doivent cesser tout jeu et toute activité pour entrer à l'intérieur et aller à leur salle de classe.

Et là, *la vraie vie s'arrête!* On vous boulonne à une chaise, dans un endroit désigné, tournés vers l'avant de la classe, et, ah oui!, en silence. Et pendant six longues périodes chaque jour, vous devez écouter les instructions de l'enseignant, écrire des choses, répondre à des questions devant les autres, etc. C'est maintenant le temps d'apprendre à lire, à écrire et à compter.

Pour les trois premières années d'école, le programme consistera principalement de la maîtrise de ces trois sujets sans lesquels vous ne pouvez pas obtenir une éducation, ...*disent-ils!* C'est la condition pré-requise à tout apprentissage. Afin de réussir la troisième année et la maîtrise des tables de multiplication, vous devez utiliser votre mémoire constamment.

Si vous avez suivi les instructions de votre professeur, vous pouvez maintenant lire et écrire à un niveau de troisième année, ou vous le devriez. En réalité, ce n'est pas tout le monde qui peut maîtriser cet exploit. Et si vous avez mémorisé vos tables de multiplication correctement, vous êtes à point en mathématiques. En septembre prochain, vous serez en quatrième année.

Maintenant, nous avons pris l'habitude de voir des enfants de 6 ans à 17-18 ans passer 6 heures par jour assis en classe. C'est la norme, ou ...*est-ce que ça l'est?* Pour moi, ce régime contestable n'est pas plus normal que d'empêcher un enfant de se tenir debout et de marcher! Ce n'est définitivement pas aussi radical, mais c'est dans la même veine. Ce n'est tout simplement pas un comportement normal d'enfant. Les enfants sont destinés à jouer; non à travailler! Je crois qu'ils pourraient, au moyen de jeux humainement et non scientifiquement conçus, apprendre tout ce qu'ils ont vraiment besoin d'apprendre.

Au lieu de cela, le régime de l'école leur apprend qu'il est normal de passer la plupart de leurs journées assis et que l'on décide pour eux chaque mouvement qu'ils doivent faire! Non seulement on leur prêche que c'est correct de le faire, mais on les oblige à le faire! Est-ce seulement moi, *ou pourrait-il y avoir un problème ici?*

Puis, quand nous nous rendons compte que 31,5% d'entre eux font de l'embonpoint ou sont obèses, nous les regardons de haut, tout d'un coup, et leur prêchons que c'est de leur faute s'ils sont gras et de se bouger le cul s'ils veulent perdre du poids ou du moins ne pas engraisser davantage. Et à longueur de jour, on continue de les forcer à demeurer boulonné à leur siège!!! N'y a-t-il pas une contradiction ici...???

Jusqu'à maintenant, on a récompensé la mémoire au détriment de l'imagination, de la compréhension, du jugement et de l'intuition. J'espère que les sessions de classe telles que nous les connaissons, le genre de classe/conférence va donner place à une expérience qui implique les étudiants beaucoup plus que les professeurs. Le professeur devrait être au service des étudiants et non l'inverse.

Dans son introduction à *Golden Notebook, Le Carnet de Notes Doré*, Doris Lessing nous dit que, idéalement, on devrait dire à chaque enfant, durant ses années d'école, quelque chose du genre:

«Vous êtes en train de vous faire endoctriner. On n'a pas encore développé un système d'éducation qui n'est pas un système d'endoctrinement. ...Ce qu'on vous enseigne ici est un amalgame des préjudices actuels et des choix de cette culture particulière.» (Traduit de l'anglais par l'auteur)

Quand, comme Doris Lessing, on prévient notre jeune génération qu'ils sont poussés à suivre une route bien démarquée, employée par les générations précédentes et la présente, on doit se rassurer qu'on ne les encourage pas à trouver une certaine autre route, différente de la route imposée où tous se sentiront libres et libérés. Il n'existe pas de telle route.

On doit les encourager à trouver un sentier différent de celui imposé, mais aussi, différent de celui de tous les autres. C'est là le principe d'individualité et d'unicité.

Notre système scolaire, en 2014, essaie encore de forcer les étudiants à mémoriser de l'information inutile qu'ils peuvent trouver sur leur téléphone intelligent en dix secondes, *si jamais ils le veulent, ou, en ont besoin!* L'ère de l'informatique va complètement chambarder le système scolaire, spécialement au niveau secondaire. Ce à quoi ressemblera le rôle du professeur dans un autre 5 à 10 ans, je ne saurais le dire. J'espère qu'il jouera le rôle de facilitateur ou de guide et aidera les étudiants dans des curricula choisis et individualisés, où les sports et les arts auront finalement la place qu'ils méritent. La dernière chose qu'ils devraient être, serait d'être des instructeurs/endoctrineurs.

«Les pères fondateurs dans leur sagesse décidèrent que les enfants étaient un poids anormal sur les parents. Ainsi, ils fournirent des prisons appelées écoles, équipées avec de la torture appelée éducation.» (Traduit de l'anglais par l'auteur)

JOHN UPDIKE, *The Centaure.*

Notre système scolaire public donne à la plupart des parents l'impression d'une place magique qui remplit la tête de leurs enfants avec de la connaissance et la promesse d'une job après la douzième année …et leur cœur avec la promesse du bonheur pour le reste de leur vie!

> *«Vous boulonnez n'importe quel enfant de 6 ans, garçon ou fille à un bureau et pendant 12 ans d'endoctrinement et de contrainte, cela délivre 80 % d'entre eux avec un certificat de douzième année.»*

…80 % d'entre eux avec un certificat de douzième année, ce n'est pas mal! Mais,

> *«Elle délivre aussi 50 % d'entre eux avec l'habitude de fumer, 40 % avec une certaine toxicomanie…»* (Traduit de l'anglais par l'auteur)

Anonyme

Ça, ce n'est pas si bon… Il serait intéressant de mener une étude comparative, pour voir quels seraient les taux, chez les enfants qui ne vont pas à l'école. Mais ce n'est pas facile. Tous les enfants de cet âge là des pays industrialisés sont eux aussi à l'école, si ce n'est pour les descolarisés. Comment pourrions-nous trouver?

> *«…Il doit y avoir quelque chose de vraiment de travers avec beaucoup de ce qu'on fait dans l'école, si on ressent le besoin de s'inquiéter tellement au sujet de ce que plusieurs appellent «motivation». Un enfant n'a pas de désir plus fort que de saisir la signification de la vie.»* (Traduit de l'anglais par l'auteur)

John Holt

8

Conditionner pour contrôler

«Quand il s'agit de contrôler les humains, il n'y a
pas d'instrument plus efficace que les mensonges.
Parce que, voyez-vous, les humains vivent par les
croyances. Et les croyances peuvent être manipulées.
La capacité de manipuler les croyances est la seule
chose qui compte.» (Traduit de l'anglais par l'auteur)

Michael Ende

...La seule chose qui compte pour l'establishment (sous-entendu).
Les autorités constituées doivent contrôler les populations
pour réaliser le niveau de pouvoir dont ils ont soif. Et il y a bien
des façons de contrôler les gens, certaines plus efficaces que les
autres. Une qui semble très efficace, si nous regardons autour
de nous, dans notre pays et dans le monde, c'est la manipulation
des croyances ou un conditionnement systématique des esprits
à partir d'un très bas-âge. Conditionne une jeune génération
proprement et ils conditionneront, à leur tour, leur progéniture,
et, ce faisant, les générations à venir. Les gouvernements le font,
les religions le font, l'école le fait ainsi que les familles, les unes
plus que les autres.

Quand, comme parents, on néglige de questionner nos
institutions, on met en danger notre bien-être et celui de nos enfants.
On devrait être sceptique quand notre destinée est entre les mains
d'autres personnes, spécialement quand on réalise que beaucoup
de ceux qui occupent des postes de commande sont assoiffés de

pouvoir, égotistes, quand ils ne sont pas de pures sociopathes. Ce sont-là de fortes accusations et j'en suis conscient.

«L'Éducation a vraiment échoué de façon sérieuse à transmettre la leçon la plus importante que la science puisse enseigner: le scepticisme.» (Traduit de l'anglais par l'auteur)

David Suzuki

«Si ça semble trop beau pour être vrai, ça n'est probablement pas vrai!» Notre système scolaire, en dépit des bonnes intentions de la plupart des professeurs, ne délivre pas ce qu'il pourrait ou ce qu'il devrait. Ce système a été créé pour conditionner les futurs citoyens. Une population abrutie est beaucoup plus facile à contrôler et à prévoir qu'une population de non-conformistes. Et, puisqu'elle a été conditionnée à croire ce qu'on lui dit, une population abrutie, ayant reçu l'endoctrinement approprié, fera ce qu'on l'a programmée pour faire dans une grande majorité des cas.

Vous prenez l'animal vivant le plus fort, vous l'élevez à partir d'un an avec une chaine à la jambe, comme une longe, attachée à un poteau. À mesure qu'il grandit, vous diminuez la grosseur de la chaîne. Après plusieurs années, vous échangez la chaîne pour une corde. Une grosse corde au début et vous diminuez la force de la corde graduellement jusqu'à ce que vous remplaciez la plus petite corde par un ruban que l'éléphant pourrait briser sans effort et se libérer. Qu'arrive-t-il alors? L'éléphant demeurera prisonnier d'une chaîne symbolique!!! C'est là la meilleure illustration du conditionnement que je connaisse.

Il ne faudrait pas penser que l'éléphant est stupide. Cet éléphant nous ressemble beaucoup... La même chose nous arrive quand nous sommes émasculés figurativement par nos institutions employant le plus puissant et le plus efficace outil de conditionnement connu: l'endoctrinement. Briser ce ruban, cette longe, est nécessaire si l'on veut se faire naître et ainsi devenir qui nous sommes appelés à devenir.

Le pourcentage de ceux qui n'auraient pas répondu au conditionnement de la façon prévue, auront à faire affaire avec le système policier du pays, lequel emploiera des moyens convaincants-ou la coercition-pour *leur fermer la gueule* s'ils osent exprimer des opinions différentes des opinions de *l'establishment*. Mais retournons à la vedette de l'école: l'enfant.

«Mon école n'a pas seulement échoué à m'apprendre ce qu'elle prétendait enseigner mais m'a empêché d'être éduqué dans une mesure qui me rend furieux quand je pense à tout ce que j'aurais pu apprendre à la maison par moi-même.»

George Bernard Shaw

L'Automne

Les jours ont raccourci,
Le soleil a pâli,
Et la nature entière
Embrasse une nouvelle ère.

Le voile de l'été,
Sans bruit s'est écarté,
Détrôné par l'automne,
Son long cours, son air morne.

Un long deuil silencieux,
Sous un ciel ennuyeux,
A vu rougir la flore
Et la rose se clore.

Comme des souvenirs,
Avec de longs soupirs,
Sont tombées une à une,
Les feuilles sans rancune!

Roméo Gauvreau, Poésie de six syllabes,
composée en juillet 1958

9

Élever un enfant: la job la plus difficile au monde

«Le temps le plus approprié pour influencer le caractère d'un enfant est environ 100 ans avant qu'il naisse.» (Traduit de l'anglais par l'auteur)

William Ralph Inge

La dernière chose que je ferais, serait de prétendre que je sais comment élever les enfants correctement. Je ne crois pas que beaucoup de gens savent comment. Beaucoup de jobs en société tels que Docteur, Maître (avocat), Architecte etc., commandent un certain respect et s'accompagnent d'un certain prestige. Mais parent, pour quelque raison, ne requiert pas de "p" majuscule et ne s'accompagne surement pas du prestige et du respect que cette position mérite! Nous saluons bien bas tous ces gens-là comme s'ils étaient importants. Et ils le sont. Mais qu'en est-il de *parent*, la job la plus importante qui soit?

Aucun d'eux n'a une job aussi importante que celle de parent. À mon opinion, à partir de maintenant, le titre le plus honorable, devrait être celui de «parent», et recevra de ma part le plus grand des respects. On peut survivre des années sans un docteur, un avocat ou un architecte, mais pas une semaine sans un parent quand nous sommes en bas âge... Et c'est la job la moins payante sur la planète, en dépit du fait que c'est la plus importante job qui soit. Et si on accepte mon humble avis que la plupart d'entre nous ne sommes pas experts dans l'éducation des enfants, où trouver de l'aide?

Ici, je me dois de clarifier une chose. Comme vous avez probablement remarqué, sur la couverture de ce bouquin, j'ai mis après mon nom: B.A., *Ph.D. ...en B.S. En d'autres mots, un Ph.D. en bullshit...* Ça me permet de donner mon opinion sur des questions qui relèvent normalement du domaine de la psychologie ou de la sociologie.

Et sur ce point. Noam Chomsky nous donne son opinion *:* ***«Si certains pensent qu'ils doivent m'écouter parce que je suis professeur à MIT, c'est absurde. Vous devriez décider si quelque chose fait du sens par son contenu, pas par les lettres après le nom de la personne qui le dit.»*** (Traduit de l'anglais par l'auteur)

Mais après avoir écrit ce livre, j'en suis venu à ne plus considérer les études classiques et les diplômes comme un honneur. J'ai passé dix ans à dix mois par année enfermé dans un séminaire catholique, la seule sorte que je sache avoir été en existence au Québec dans les années cinquante. Je ne peux m'empêcher de considérer cette expérience d'internement stricte comme une période d'emprisonnement en dehors du milieu naturel (la famille) pour un enfant de douze ans. C'était beaucoup plus dommageable que l'école publique parce qu'on n'avait aucun contact avec la vraie vie, avec la société; avec la réalité. En dix ans, même pas un coup de téléphone à ma mère. On n'en avait pas le moyen.

Tout le monde sait ce qu'est une famille. Le mot vient du latin, *familia,* qui veut dire: maisonnée. Un père, une mère et un enfant constituent une famille. La famille, comme institution, commence déjà à nous marquer vers la fin de la gestation.

Les vibrations de la mère et celles entourant la mère comme celles du père et des autres enfants ou de toute personne avec qui la mère entre en contact, toutes, elles influencent les vibrations de la mère et, par conséquent, celles de l'enfant en devenir. Cependant, le plus important de tout c'est l'état émotionnel de la mère. Si elle est heureuse et paisible, l'enfant aura toutes les chances de son côté d'être un bébé calme et détendu.

D'un autre côté, si la mère a du ressentiment envers l'embryon, est négative et malheureuse, cet enfant pourra avoir un départ dans la vie très inquiétant, pour dire le moins! À ce stage, l'enfant réagit déjà à la musique et à d'autres stimuli comme le stress de la mère avec sa production d'adrénaline, ou l'amour de sa mère pour lui et sa production d'endorphine que l'enfant ressent au travers du mur utérin. On commence donc très tôt à réagir aux sensations venant du monde extérieur qui sont transmises par la mère à l'enfant en formation que nous sommes à ce moment-là.

Nous devons donc planifier les grossesses pour ne pas exposer l'embryon à une gestation toxique de la part d'une mère déçue ou pire, d'une mère fâchée d'être enceinte. Dans ce sens, je dis que les grandes familles, dans la plupart des cas étaient le résultat d'une tyrannie religieuse ignorante, pour ne pas dire malveillante, dans la poursuite d'un agenda égoïste et destructif, visant à un plus grand nombre de membres de l'église catholique.

Au Québec, cette situation était très visible et son but était double: surpasser en nombre les membres de l'église protestante et établir la prédominance de la langue française. Nous devrions donc planifier les grossesses de sorte à ne pas exposer l'embryon à une gestation toxique de la part d'une mère déçue, ou pire, d'une mère fâchée d'être enceinte *malgré elle*.

La tâche de la mère est particulièrement primordiale et compliquée par la qualité de la relation du couple. Malgré qu'elle soit une mère exceptionnelle, elle ne réalisera pas les résultats désirés avec l'éducation de son enfant si la relation de couple est boiteuse. Comme il n'y a pas de mère parfaite ni de relations de couples parfaites, que devrions-nous faire? Devrions-nous cesser d'avoir des enfants?

Nous vivons dans un monde imparfait où tout est relatif. On ne peut pas attendre d'avoir des mères parfaites, dans des relations parfaites, pour continuer d'avoir des enfants! Une chose que nous pouvons faire, en tant que société, est de, premièrement, accorder plus d'importance à la procréation, au rôle super important que la mère y joue et à la richesse que l'enfant représente pour la famille et la société tout entière. Le plus grand miracle de la création, pour moi, c'est le miracle de la procréation. Tant qu'on n'aura pas compris cela et qu'on n'accordera pas à la reproduction l'importance qu'elle mérite, on handicapera le processus.

Tôt après la naissance, l'enfant développe des réactions à son environnement: la clarté, la noirceur, les bruits, les voix, les couleurs, les touchers, la couche sèche, la couche trempe, les irritations cutanées, la chaleur, le froid, les surfaces lisses, les surfaces rugueuses etc.

L'enfant absorbe tout. Il est comme une éponge super humaine! Mais il est aussi, et surtout, un être magnifique, riche en promesses, que nous devons aider à grandir avec tendresse et amour et avec tous les soins corporels et affectifs nécessaires.

Comment peut-on s'assurer que le père et la mère seront de bons parents? On ne le peut pas! Pas directement, en tous cas. Mais on pourrait commencer par éliminer l'endoctrinement imposé par l'école et par l'église. Si la mère ours sait élever ses oursons, comment se pourrait-il que la femme ne sache pas élever ses enfants??? Pourquoi dans notre société, considère-t-on la femme moins capable qu'une mère ours? Il faut se rappeler que toutes les religions-ou presque- sont phallocratiques et par conséquent écrasent la femme. Je crois fortement que *«la femme saurait ce qu'il faut faire si on ne lui avait pas d'abord dit ce qu'il ne faut pas faire»* pour parodier André Moreau. Tant et aussi longtemps qu'on ne respectera pas la femme *totalement*, notre civilisation continuera d'être la triste farce que l'on connait en 2014!

Pour la première année, tout au moins, je crois que la mère devrait demeurer près de son enfant et cela, pour plusieurs raisons. D'abord, il est grandement souhaitable que la mère allaite son enfant. Les deux en bénéficient de bien des façons qui sont de plus en plus reconnues de nos jours.

Et ces bénéfices sont à long terme à la fois pour la mère et le bébé. Si on accepte cette prémisse, il semble seulement naturel et raisonnable que la mère reste près de son enfant pour la première année, au moins, ou emmène son enfant avec elle au travail quand la place de travail est réceptive à l'idée. Ça fait partie de la constitution biologique de la femme. Après la première année, si elle choisit de retourner au travail et qu'elle ne peut y amener son enfant, elle devrait aborder la question de la garderie avec grand soin. Idéalement, la mère devrait rester près de son enfant pour les premiers 4 ou 5 ans. Mais les exigences de la vie moderne rendent cette option très difficile.

L'homme, d'autre part, n'est pas équipé pour accomplir cette tâche. Ni physiquement, ni socialement ni psychologiquement. Il peut aider la mère et pourvoir pour la famille, mais il ne remplacera jamais la mère auprès de l'enfant. La mère a un instinct nourricier et une connexion viscérale avec son enfant que l'homme n'a pas ...et n'aura jamais! (J'entends des hommes sacrer...Ha,ha,ha.)

Cela me semble consternant que le système scolaire considérerait l'art d'élever un enfant comme moins important que l'histoire ou la géographie...

La plupart des sujets du programme d'études que nous enseignons, se révèlent une perte de temps. En 2014, si vous demandez à un enfant de 8-10 ans du monde industrialisé, quelle est la population de Titicaca, et qu'il ne peut pas vous donner la réponse en 10 secondes, ou, il est vraiment pauvre et ne possède pas d'ordiphone, ou un gadget similaire, ...ou il est lent! Intérieurement, sa réaction serait probablement de vous répondre: «*Je m'en fous!*». Et je suis parfaitement d'accord avec lui ...et avec Einstein:

«*L'imagination est plus importante que la connaissance.*» (Traduit de l'anglais par l'auteur)

Albert Einstein

Presque tous les enfants de cet âge-là ont ces gadgets dont ils savent se servir et trouver tout ce qu'ils veulent savoir, *s'ils le veulent!* **Il ne nous appartient pas de décider ce dont ils devraient être curieux!**

D'interférer avec leur curiosité est aussi sérieux que de bricoler avec leur ADN! De manipuler les facultés de nos enfants comme la curiosité ou la propension à jouer c'est comme de forcer un enfant à continuer à ramper quand il commence à se lever debout en s'agrippant aux meubles pour apprendre comment se tenir debout et sous peu, marcher.

Pour moi, nous faisons exactement la même chose quand nous les attachons à un bureau pendant 6 heures par jour, à partir de l'âge de 6 ans jusqu'à l'âge de 17-18 ans, écoutant des sujets pour lesquels ils ne sont pas curieux ou souvent, peu ou pas intéressés. Nous domestiquons des animaux pour notre profit, nous ne devrions pas le faire avec nos enfants! Ainsi, je ne suis pas d'accord avec la connaissance imposée. Pour moi, ça équivaut à un viol intellectuel. On peut mettre de la nourriture devant des gens ...et c'est très gentil. Mais **nous ne devons pas les forcer à manger!** Nous le faisons souvent à nos enfants, figurativement, «*pour leur propre bien!*»

Nous avons hérité des générations précédentes, par la culture surtout, un certain montant de savoir-faire s'appliquant à la plupart des départements de la vie. Génération après génération, ces pseudo-connaissances se font enfoncer dans la tête des gens, bon gré mal gré.

Ainsi, nos parents ont répété avec nous la méthodologie de l'«*élevage*» que leurs parents avaient employée avec eux, avec quelques modifications apprises en grande partie par leurs lectures ou par la télévision.

Prenons l'allaitement, par exemple. De quelque façon, c'était relié au sexe et devait être caché à tout prix! Cette attitude prude le rendait plus difficile à cause de l'atmosphère d'indécence qui l'entourait. Qu'une religion dise aux femmes que c'est péché d'allaiter son enfant en public et d'être vue, j'ai mon voyage! C'est devenu plus accepté en public, mais pas encore complètement. Les femmes sont rarement bienvenues d'allaiter leur enfant dans un magasin, par exemple, ou sur les transports publics.

Mais dans les derniers 20 ans, un certain progrès a été accompli autour du monde. Espérons qu'un jour ce sera non seulement accepté, mais fortement encouragé. Les humains sont rarement stupides! Ils agissent souvent de façon stupide mais ça ne reflète pas toujours ce et qui ils sont vraiment.

«La différence entre la stupidité et le génie c'est que le génie a ses limites.»

Albert Einstein

Ça parle plutôt d'un processus dont ils ont été l'objet et qu'on appelle: endoctrinement, conditionnement culturel ou, en bon français, du lavage de cerveau! C'est arrivé à eux, à nous, à nos enfants et ça arrivera probablement à leurs enfants. Est-ce à dire que c'est sans espoir et que nous n'y pouvons rien?

Je ne le pense surement pas. Je pense que nous élevons *trop* nos enfants. Nous les forçons à devenir l'image de ce que nous croyons être le modèle d'un enfant normal. Nous les endoctrinons, dans une large mesure, avec ce que nous avons été endoctrinés. En un sens, nous les forçons à devenir des copies de nous, comme si, ce que nous sommes, est la façon idéale d'être. Et pour atteindre notre but, nous utilisons souvent la coercition: l'intimidation et même la violence physique.

Même nos églises encouragent les parents à ne pas épargner les punitions corporelles! La Bible encourage l'abus physique sur nos enfants :

«Quiconque épargne la verge haït son enfant, mais celui qui l'aime est diligent à le discipliner.» (Traduit de l'anglais par l'auteur)

Proverbes 13:24

Je devine, que quand nous croyons en la violence et à montrer aux enfants qui est le boss, n'importe quelle excuse est bonne, spécialement si elle est sanctionnée par *«la parole de Dieu...»* Personnellement, je ne crois pas pour une minute que Dieu pourrait être *aussi méchant que la Bible Le ou La dépeint!*

Ainsi, quand vous avez un enfant, vous devriez vous rendre compte que c'est un contrat à vie et que ça paye très bien ...si vous avez les aptitudes et l'attitude qu'il faut. Un enfant est un être très complexe que nous devons observer et étudier très soigneusement. C'est fragile, mystérieux et pour des années, totalement dépendant des autres pour survivre. Bien sûr, la famille, dans 99% des cas assume cette fonction ...*ou plutôt ce privilège.*

La famille fait de son mieux, mais souhaiterait souvent que le bébé soit venu avec un manuel d'instructions... C'est très exigeant et parfois très inquiétant.

Chaque parent veut le meilleur pour son enfant, mais qu'est-ce qui constitue le meilleur? Tout votre savoir-faire, dans la plupart des cas, vient de votre éducation et de la culture ambiante. Et vous voulez que votre enfant soit civilisé quand il grandira et qu'il s'intègre dans la société.

Par l'endoctrinement, il peut être facilement programmé pour se conformer,...ce qui est la dernière chose que les parents devraient faire. Donc, son bien-être se trouve très menacé dans la plupart des cas par des parents pleins de bonnes intentions. De quelle façon, comme parents, menaçons-nous le bien-être de nos enfants?

De mon expérience personnelle, je dirais de beaucoup de façons. La première erreur que nous faisons, comme parents, est de considérer nos enfants comme nous appartenant, comme étant notre possession. Et de cette manière, nous croyons que nous avons le droit de les former pour les adapter au moule que nous avons choisi pour eux.

Pourquoi les parents choisissent ils de former leurs enfants d'une certaine manière? Parce qu'ils le peuvent... et parce qu'ils ont été conditionnés par leurs propres parents, leur école, leur église, leurs pairs et la société dans son ensemble à croire que c'est pour le plus grand bien des enfants.

En 2013, on entendit aux nouvelles, qu'une mère venant des Indes et vivant en Colombie Britannique, aidée par l'oncle de sa fille, aurait eu celle-ci, Jassi Sidhu, tuée, parce qu'elle avait épousé un tireur de rickshaw pauvre et sans argent, sans leur approbation!!! Pourquoi feraient-ils quelque chose d'aussi impensable et contre nature que cela? À cause du conditionnement reçu par leur endoctrinement culturel! C'est stupide, inhumain et inconcevable. Et, si sa mère l'a fait, je ne suis pas sûr que son instinct maternel était toujours fonctionnel, après tout l'endoctrinement avec lequel elle fut bombardée par sa culture qui était fortement religieuse et primitive,...pour dire le moins.

Et, parlant du conditionnement, je ne veux pas brûler les étapes et traiter à fond de la discipline, ce que je ferai de façon plus approfondie quand je parlerai de l'acquisition de la discipline à l'école.

Mais permettez-moi de dire ceci: c'est un domaine dans lequel beaucoup sont dans l'erreur.

> *«Les punitions nous forceront peut-être à obéir aux ordres donnés, mais au mieux ça enseignera seulement une obéissance à l'autorité, pas un contrôle de soi qui améliore notre respect de soi.»* (Traduit de l'anglais par l'auteur)

Bruno Bettelheim

Si les parents et l'école traitaient les enfants de la même façon que les bons propriétaires de chien traitent leur chien, la plupart des enfants tourneraient beaucoup mieux qu'ils le font dans le contexte actuel.

Si nous voulons de bons résultats avec nos animaux favoris, *nous ne les frappons jamais.* Nous renforçons toujours leurs comportements positifs et ne les dénigrons jamais. Nous nous assurons de ne pas perdre patience avec eux et de toujours les traiter comme nous traitons nos meilleurs amis.

> *«Au lieu de crier et de donner la fessée, ce qui ne marche pas de toute façon, je crois qu'on doit trouver des façons créatives de garder leur attention-tourner la situation en un jeu, par exemple.»* (Traduit de l'anglais par l'auteur)

Patricia Richardson

Une autre erreur que nous faisons comme parents, c'est de prêcher. Prêcher ne marche pas: à église, à la maison, à l'école ou n'importe où ailleurs. Prêcher est une tentative de conditionner pour contrôler les autres. Pour contrôler leurs enfants, certains parents utilisent différentes méthodes. Cela inclut: les punitions corporelles, les menaces, le chantage et plusieurs autres tactiques destructives dont le harcèlement. Les enfants ont subi le harcèlement via leur propre éducation à la maison, dans certains cas, et à l'école, dans tous les cas.

Ce sont là des accusations très sérieuses envers nous et envers la majorité des enseignants. Laissez-moi vous donner quelques exemples illustrant combien la plupart d'entre nous sommes démunis de savoir-faire en ce qui concerne la vocation de parent.

Quand nous donnons la fessée à nos enfants, nous utilisons la violence et le châtiment. En ce faisant, nous leur enseignons que l'emploi de la violence est justifiable pour forcer les autres à se conformer à nos désirs. À ceux qui ne sont pas d'accord que de donner la fessée est tellement mauvais, la prochaine fois qu'un de vos amis viendra vous visiter et fera ou dira quelque chose que vous n'aimez pas, tapez le/la sur la main avec un froncement de sourcils sur votre visage et voyez ce qui arrivera. Ils riront, d'abord, pensant que vous plaisantez, ou, se rendant compte que vous êtes sérieux, ils vous regarderont avec un air de dire:

«Vous ne pouvez pas être sérieux! Qu'est-ce qui ne va pas avec vous? Réalisez-vous ce que vous venez de faire? C'est quoi votre problème?»

Notre enfant ne peut pas formuler toutes ces questions. Et s'il le pouvait, il n'oserait pas! Mais il pourra être-et sera-choqué et confus.

Il sera blessé physiquement et émotionnellement. Il sera traumatisé. Nous venons juste de creuser un nid de poule sur la route de son voyage de vie. Et chaque fois que nous parlons à notre enfant en montrant de la colère, nous lui disons qu'il/elle est mauvais et que nous lui retirons temporairement notre amour.

Combien de nids de poules de plus planifions-nous de lui faire contourner dans son excursion pour devenir qui il est vraiment?

«Les châtiments ne peuvent pas guérir les esprits; ils peuvent seulement les briser.» (Traduit de l'anglais par l'auteur)

Barbara Deming

Nous n'avons pas à avoir des enfants! En 2014, il y a beaucoup de dispositifs de contrôle des naissances permettant la copulation sans la reproduction. Je pense que nous avons été désensibilisés au privilège extraordinaire de co-créer des êtres humains. Il n'y a rien sur la terre qui approche ce miracle que nous pouvons faire arriver à volonté! Nous devons cesser de le prendre pour acquis.

Nous ne possédons pas ces enfants dans la vie desquels nous sommes que de simples accessoires provisoires! Cela vient avec une énorme responsabilité: les aider à devenir qui ils sont vraiment! Nous avons été élevés par des gens qui n'avaient pas de préparation à l'éducation des enfants, pas plus que nous en avions nous-mêmes!

Ici je veux faire justice aux mères du monde. Les hommes (les mâles), au cours des âges ont créé des traditions, des cultures. Ils ont érigées ces traditions en religions et doctrines. Ils ont imposé aux femmes une subjugation barbare renforcie par un lavage de cerveau systématique qui leur permettait -et leur permet encore dans une grande partie du monde-de s'en servir comme des animaux domestiques.

Quand les hommes respecteront la femme et se mêleront de leurs affaires en ce qui concerne la maternité, les femmes éduqueront leurs enfants de la bonne manière. Elles nous sont biologiquement supérieures et n'ont pas besoin des psychologues, des psychiatres ou pire encore, des prêtres, ces êtres sexuellement dysfonctionnels, pour ne pas dire *ces tapettes œcuméniques*, pour leur dire quoi et comment faire,

Combien d'autres générations d'enfants devront être sacrifiées avant que nous ne nous réveillions et nous secouons. Nous cheminons dans la vie, abrutis par notre éducation et la matérialité d'une vie dans laquelle nous courrons pour rester en avance sur les aiguilles de l'horloge.

Nous travaillons comme des esclaves pour plaire à un patron, nous courrons à la maison pour restaurer la famille, nous nous *évachons* devant la TV ou l'ordinateur pour une diversion, nous courrons au magasin et dépensons plus d'argent que nous gagnons, nous nous stressons sous la charge des dettes que nous continuons d'accumuler, nous endurons quelques enfants pour qui nous ne sommes pas vraiment accessibles, ni disponibles.

Mon conseil à tous les parents,-y compris moi-même,-est celui-ci: arrêtons-nous, regardons, et écoutons! Mettons fin à la trépidation de notre style de vie. Regardons autour de nous dans la nature et à l'intérieur de nous, où l'amour réside. Soyons à l'écoute de notre cœur nous avouant la détresse de nos enfants et de la société qu'ils ont héritée de nous, laquelle société leur promet un avenir très incertain.

À l'aide des gadgets, ils érigent un mur entre eux et leurs pairs et ultimement entre eux et les autres, y inclus vous et moi. D'une part, ils sont en relation avec peut-être plus de personnes que nous l'étions, par l'envoi de messages, en conversation sur leurs téléphones intelligents, sur Facebook et de bien d'autres manières. Nous pouvons souvent les voir dans des groupes, tous en relation avec d'autres,...*autres que les gens avec qui ils sont!* Comment expliquer qu'une personne au loin puisse être plus intéressante que la personne à côté de vous, avec qui *vous avez choisi d'être en premier lieu?*

Le phénomène est trop nouveau pour que je puisse juger, condamner et tirer des conclusions sans fondement. Mais personnellement, je regarde ce nouveau phénomène avec curiosité et je m'inquiète quelque peu.

D'un autre côté, je veux garder une attitude positive. Je ne peux pas parler pour vous, mais une chose est sûre : ils ne peuvent pas être plus abrutis que je l'étais à leur âge!

De plus, dans quelques années, les gadgets d'aujourd'hui auront évolué et Dieu seul sait ce qu'ils seront. Rappelons-nous que le passé s'est envolé pour ne plus jamais revenir, *Dieu merci!*

L'avenir n'est qu'une invention de notre imagination qui ne se matérialisera probablement pas comme on le pense ...et peut-être jamais! Nous n'avons que le présent. «*Maintenant*» est la seule opportunité que nous ayons pour encourager chez nos enfants la croissance des germes de la curiosité, de la créativité, de la découverte de soi, de la réalisation de soi, de l'amour de soi, des autres et de la création toute entière.

Nous faisons face à une nouvelle réalité. Alors, ou on s'arrête et on regarde à l'entour de soi et en soi, à l'écoute de notre cœur et nous considérons essayer une nouvelle approche avec nos enfants, ou nous prolongerons l'agonie d'une génération nouvelle. Nous pourrions faire pire que ce que nous faisons à l'heure actuelle; mais nous pourrions sûrement faire beaucoup mieux.

Et ici, permettez-moi de revenir à la première et la plus puissante école de toutes: la famille. Je l'appelle la plus grande école, parce qu'il n'y a aucune autre école qui peut faire pour vous ce que la famille peut faire pour un être humain.

Entre la naissance et l'âge de 5 ou 6 ans, si l'enfant ne reçoit pas certains éléments essentiels pour son développement physique, mental et spirituel, il n'y a aucune école qui pourra remplacer ce que cet enfant aura manqué. Très probablement, il boitera psychologiquement et socialement, pour le reste de sa vie, avec ou sans études!

À cause de la complexité de la tâche des parents, nous créons souvent des problèmes presque insurmontables à nos enfants.

Et probablement plus si nous refusons de mettre en doute notre degré de compétence à élever des enfants. Nous devrions aborder la tâche d'élever des enfants avec beaucoup d'humilité.

La tâche est monumentale. Et nous avons mis notre confiance dans la préparation reçue de nos parents, laquelle préparation ils avaient eux-mêmes reçue de leurs propres parents... et ainsi de suite depuis probablement des millions d'années.

Qu'est-ce qui nous fait croire que nous savons ce que nous faisons? Parce qu'en réalité, nous ne le savons pas, dans beaucoup de cas! Mais nous n'aimons pas entendre ça! Al Gore dirait que c'est *«une vérité qui dérange!»* Mais quoi alors, si cette déclaration est vraie? Je crois sincèrement que nous devons retourner à la nature et s'en remettre à l'instinct maternel de la femme. Et il est grand temps! Aller à la lune était un exploit, *parait-il*, mais revenir sur la terre est encore plus impressionnant, pour moi…

10

Les Enfants et la Créativité

«L'intelligence humaine est beaucoup plus riche que nous avons été amenés à le croire... Il est essentiel qu'on apprécie la pleine gamme et le potentiel de l'intelligence humaine pour comprendre la véritable nature de la créativité.» (Traduit de l'anglais par l'auteur)..

Sir Ken Robinson, *Apprendre à être créatif*

Les humains sont doués d'une faculté qui fait tellement partie intégrale de leur être, que sans elle, ils ne pourraient pas fonctionner. Cette faculté s'appelle la créativité. On s'en sert dans toutes nos actions volontaires, elle est à la base de toutes nos décisions. Elle façonne toutes nos phrases, tous nos mouvements, nos pensées, nos rêves, du matin au soir, jour après jour. Sans cette faculté, je ne crois pas qu'on pourrait survivre. Mais cette faculté semble exister à un degré plus ou moins grand, selon les individus, et aussi semble exister à un plus haut degré chez les jeunes que chez les adultes, en général. Je crois que notre système scolaire, par sa façon de conformer les étudiants, tend à atrophier la créativité chez les jeunes. Une partie en devient comme dormante. Albert Einstein disait: *«Éveiller la joie dans l'expression créative et la connaissance, est l'art suprême du professeur.»* (Traduit de l'anglais par l'auteur)

Sans consulter Freud, je crois que tout le monde sait ce dont nous parlons lorsque nous mentionnons la créativité. Nous utilisons souvent ce mot. Qu'est-ce que c'est au juste? Une des premières manifestations de la créativité apparait quand le bébé pleure. Il a besoin d'attention, ou de réconfort physique et affectif comme de téter le sein de sa mère, ou, pour obtenir une bouteille ou simplement être en contact avec le corps de sa mère et entendre la musique du battement de son cœur. Est-ce qu'un nourrisson d'un jour est créatif quand il s'allaite au sein de sa mère ou est-ce purement le résultat d'un instinct animal ne nécessitant pas d'intelligence ou de faculté de penser de sa part?

Sans l'instinct de succion qu'il pratiquait déjà dans le ventre de sa mère depuis le 6ème ou 7ième mois, en suçant son pouce, ses doigts ou son poing, il aurait besoin d'être nourri de force si nous voulions qu'il survive.

Vers l'âge de deux ans, l'enfant montre définitivement des signes de créativité. Quand il répond: «*Non!*» à votre demande de faire quelque chose, sa réponse ne vient pas d'un réflexe. S'il répond «*Non!*» à toutes vos questions ou demandes, il se gargarise avec un nouveau mot qu'il vient d'apprendre, très probablement, où qu'il trouve amusant. Il expérimente avec un nouveau son.

Mais s'il dit non quand vous lui offrez du brocoli et oui quand vous lui offrez de la crème glacée, il fait preuve d'une capacité de raisonnement menant à l'acceptation de ce qu'il aime et au refus de ce qu'il n'aime pas. Il est sélectif, ce qui nécessite une certaine expérimentation précédente et une capacité de prendre des décisions, basées sur des expériences antérieures et la mémoire de celles qui étaient agréables, aussi bien avec la nourriture qu'avec le reste. C'est un exemple évident de la créativité.

Si nous encourageons la créativité de l'enfant en utilisant une approche non coercitive, en tout temps, nous n'augmenterons peut-être pas sa créativité, mais nous allons rendre possible l'explosion de cette créativité. En ce faisant on va lui permettre d'explorer son environnement et de composer avec les éléments qu'il y trouve. Il n'a pas besoin de plus de créativité; il faut juste qu'il sache et sente que sa créativité est fantastique et bienvenue pour qu'elle se développe à son maximum!

C'est définitivement l'une des facultés les plus importantes après l'intelligence. De la naissance à la mort, nous nous comportons. Chaque comportement a la créativité comme composante essentielle. Nous choisissons tous nos comportements qui seront positivement ou négativement créatifs.

«Le travail créatif et la pensée critique, qui produisent de nouvelles connaissances, ne peuvent pas être conditionnés; en effet, le conditionnement empêche ces choses de se produire.» (Traduit de l'anglais par l'auteur)..

11

La Curiosité, précurseur de l'apprentissage

«C'est un miracle que la curiosité survit à l'éducation formelle.» (Traduit de l'anglais par l'auteur)

Albert Einstein

Nos enfants vont à l'école. Ils doivent y aller. C'est la loi. Et d'ailleurs, *«comment pourraient-ils réussir dans la vie sans aller à l'école?»* C'est clair pour nous tous que je parle du système scolaire public. Supposons pour un instant qu'ils ne réussiraient probablement pas dans la vie s'ils ne recevaient pas une éducation scolaire.

J'ai un problème avec cette notion généralement acceptée. Je ne suis pas d'accord que nos enfants reçoivent une bonne éducation à l'école. Je ne suis même pas d'accord qu'ils obtiennent quelque éducation que ce soit à l'école. Je crois que le résultat de leurs 10 ou 12 années passées à l'école, au mieux, leur a donné un certain montant d'information et d'instructions. Cela a été réalisé par l'endoctrinement, à ne pas confondre avec l'éducation. Bien au contraire, tout endoctrinement, que ce soit à l'école, à l'église ou à la télévision, est préjudiciable à tous, adultes ou enfants. Ça falsifie et abrutit les gens.

Plusieurs fois, au cours de ce livre, j'ai répété que l'école abrutit nos enfants sans expliquer comment elle le fait. Je vais tenter d'expliquer aussi clairement que possible pourquoi je soutiens une thèse aussi controversée.

Je crois que la curiosité est la vraie motivation pour apprendre. Pas pour apprendre n'importe quoi. Mais pour apprendre ce au sujet duquel nous sommes curieux. L'école présente à nos enfants un curriculum de sujets que le gouvernement, il y a plus de 100 ans, a arbitrairement choisi pour satisfaire leurs propres attentes de ce que les enfants devraient savoir et comment ils devraient être formés, pour satisfaire l'agenda de l'*establishment.*

Les gouvernements de l'époque avaient pensé qu'avec le système des bulletins, des punitions, -souvent des châtiments corporels-et la promesse de l'obtention d'un diplôme à la fin de la 12ième année, suspendue au-dessus de leur tête comme une piñata, l'affaire était dans le sac.

Eh bien, comme vous le savez, ça n'a pas tout à fait fonctionné de cette façon-là. Les êtres humains sont très résilients. Autrement, ils se feraient détruire psychologiquement et cesseraient de fonctionner en tant qu'êtres humains. Si d'autre part, nous laissions les enfants choisir des questions du monde réel qui les intéressent et qu'ils puissent les rechercher à loisir, nous serions surpris par les résultats. Dans ce dernier scénario, qui a été essayé, soit dit en passant, les enseignants deviennent des guides et des assistants pour les étudiants.

Dans un article sur le web appelé: *«Est-ce que la curiosité motive l'apprentissage?»*, Susan Sherwood affirme que:

> *«...ce type d'apprentissage est profond, riche, significatif et mémorable pour les élèves. ...il les aide aussi à apprendre à apprendre, à trouver des sources, à évaluer des données, à travailler en collaboration et à faire le rapport des résultats.»* (Traduit de l'anglais par l'auteur)

Ce sont là des aptitudes du monde réel, que nous espérons voir dans chacun de nos enfants au moment où ils entrent dans la vraie vie. Cette sorte d'expérience d'apprentissage est bien plus enrichissante et plus bénéfique que ce que le système scolaire classique délivre... ou essaie de délivrer. Et elle ajoute:

> *«Il est difficile de permettre cette curiosité dans la classe, ...mais ça encourage et ça permet aux élèves de devenir des apprentis pour la vie, et qui chercheront à satisfaire leur curiosité bien au-delà de leurs années scolaires.»* (Traduit de l'anglais par l'auteur)

Dans le système scolaire actuel, nous ennuyons la plupart des étudiants, pour la plupart des périodes de la journée, pendant près de dix mois par année, pendant au moins les 6 ou 7 dernières années de leur *scolarisation*.

> *«L'ennui est nulle autre que l'expérience d'une paralysie de nos forces productrices.»* (Traduit de l'anglais par l'auteur)

> Erich Fromm, La Société Saine

Avons-nous jamais étudié le sujet pour savoir ce que la paralysie de leurs forces productrices fait à nos enfants? Lorsque nous parlons de nos forces productrices, est-ce que ce ne serait pas synonyme de notre créativité, la créativité de nos enfants *autorisée et encouragée à fonctionner débridée*, conduisant à une certaine création qui leur soit propre?

Encore et encore, les gens me disent: *«Je m'ennuyais à l'école et ça ne m'a pas tué. Pourquoi serait-ce différent pour eux?»* Je vais essayer de vous donner une différence qui, je crois, pourrait éventuellement expliquer pourquoi ils s'ennuient probablement plus aujourd'hui que nous, dans notre temps.

Avec l'avènement de l'ordinateur et de tous les gadgets électroniques comme le Blackberry, l'ordiphone et tous les *«i Toys»*, la jeune génération a grandi entourée de toute cette technologie magique qui leur taquine les neurones... En comparaison avec ces outils et ces jouets fantastiques, l'enseignant sonne comme une vieille TV de 14 pouces en noir et blanc avec seulement deux canaux: canal 1: plate et canal 2: plus plate! Devinez qui ne veut aucune part de *cette programmation de TV au chloroforme?*

Nos enfants, pour les 150 dernières années ont été forcés d'endurer cet abus mental pour une période de 8 à 12 ans de leurs précieuses années de formation. Et nous sommes surpris quand ils se tournent vers l'alcool et la drogue! Nous devrions être surpris qu'ils ne se tournent pas vers le meurtre!

12

Le jeu c'est sérieux!

«Pour un enfant, c'est dans la simplicité du jeu que la complexité de la vie est démêlée comme des pièces de casse-tête assemblées pour donner un sens au monde.» (Traduit de l'anglais par l'auteur)

L.R. Knost, *Deux mille baisers par jour.*

Je souhaiterais avoir dit ces mots... Wow! Comme c'est beau et puissant! Regardons dans le monde animal pour voir quel est le rôle du jeu. Nous avons tous eu l'occasion de voir des chatons jouer ensemble. C'est comme si tout ce qu'ils veulent faire, c'est manger, dormir, et jouer, jusqu'à ce qu'ils soient épuisés. Est-ce que vraiment ils jouent?

Je ne le pense pas. Je crois qu'ils s'entraînent, en utilisant la gymnastique pour développer leurs muscles et, ce faisant, ils améliorent leur agilité et leur souplesse.

Ils sont à l'école, l'école de la vie de chat. Ils apprennent à chasser, d'abord, pour se nourrir, à se battre s'ils ne peuvent pas éviter un conflit et comment survivre. Ils apprennent la vie et la survie. Comment je sais ces choses? Je ne les sais pas. *Je les crois.*

Est-il possible que la nature ou le cosmos ou Dieu l'ait fait ainsi parce que c'était la façon la plus naturelle d'apprendre... pour les chatons aussi bien que pour les enfants? John Holt nous recommande de faire confiance aux enfants, même si ça nous est difficile...

«...Difficile parce que pour faire confiance à des enfants, nous devons d'abord apprendre à nous faire confiance nous-mêmes, et la plupart d'entre nous avons appris, étant enfants, qu'on ne méritait pas la confiance des autres.» (Traduit de l'anglais par l'auteur)

John Holt

J'ai tendance à croire que nous ne prouverons jamais que la nature a tort. Les enfants, comme les chatons, aiment beaucoup jouer. Et je crois que, jusqu'à ce que l'on trouve le moyen d'intégrer l'apprentissage de certaines formes de connaissances inhérentes à leur nature dans leur propension naturelle innée à jouer, nous «atrophierons» leur créativité. Nous manipulons leur vraie nature, ce qui a un impact marqué qui retarde l'actualisation de qui ils sont vraiment.

Est-ce qu'en quelque sorte je dis que nous devrions mettre les enfants sur un piédestal et nous prosterner devant eux et les manipuler comme des pièces de cristal fragile? Je ne le fais pas. Mais ça donnerait possiblement de meilleurs résultats que de les opprimer comme c'est actuellement le cas dans les écoles du monde. Supposons pour un instant que le fort instinct ou la tendance à jouer pour la plus grande partie de la journée n'a rien à voir avec jouer et tout à voir avec apprendre.

Je suis 100% d'accord avec l'enseignement de la lecture, de l'écriture et de l'arithmétique à nos enfants. Et le passé nous montre que ça s'est fait dans tous les pays industrialisés et il ne semble pas y avoir de problème. Alors, si ce n'est pas brisé, pourquoi essayer de le réparer? C'est une bonne question et c'est peut-être parfait comme ça. Ou est-ce que ça l'est? Est-il possible que nous puissions trouver un moyen de laisser les enfants se promener librement et de jouer avec les autres, avec les vers, les mottes de terre et les flaques d'eau et encore apprendre à lire, à écrire et à compter sans aucune contrainte de notre part *et en beaucoup moins de temps?*

«Les enfants qui vivent entourés par des règles, au lieu d'apprendre des principes, finissent par

devenir experts à contourner les règles (i.e. à mentir au sujet de ce qu'ils ont fait.) *Ce sont là les compétences qu'ils apportent ensuite dans leur vie d'adulte.»* (Traduit de l'anglais par l'auteur)

Robyn Coburn

Bien avant l'avènement de la scolarisation obligatoire, les propriétaires de chiens savaient que si vous voulez apprendre des trucs à votre chien, vous devez le féliciter souvent et le récompenser pour ses bons coups. Ils savaient aussi qu'on ne doit jamais les frapper ou leur crier par la tête. Si on le fait, on rend ce chien nerveux et méfiant. De nos jours, la plupart des propriétaires de chiens traitent leur chien comme ils traitent leurs meilleurs amis. Comment se fait-il alors, que 75% des pays industrialisés modernes utilisent encore les châtiments corporels pour élever leurs enfants? Nos chiens seraient-ils plus importants pour nous que nos enfants?

Et par conséquent, comment 12 ans de contrainte scolaire continuelle sur nos enfants les affecte-t-ils? En dépit de la culture généralisée des châtiments corporels, un fait demeure. Nous ne savons pas exactement quelles sont les séquelles d'une pratique aussi douteuse. Si elle ruine la possibilité de dresser un chien correctement, il est possible que ce soit aussi totalement contre-productif avec les enfants.

«La création de quelque chose de nouveau ne se fait pas par l'intellect mais par l'instinct du jeu agissant à partir d'une nécessité intérieure. L'esprit créatif joue avec les objets qu'il aime.» (Traduit de l'anglais par l'auteur)

Carl Jung

Si nous regardons en arrière, à nos années d'école, nous devrions nous rappeler que la vie d'un étudiant est rarement facile. Dans ces longues heures passées à l'école, il y avait beaucoup de ces moments ennuyants et tristes qui nous semblaient comme une éternité.

Non seulement l'école peut être terriblement ennuyante et restrictive, les récréations peuvent être terrifiantes pour ceux/celles qui sont timides ou impopulaires, ou pire, pour ceux/celles qui sont victimes de harcèlement.

13

Chacun doit sculpter son être

«Chaque bloc de pierre a une statue en son intérieur et c'est la tâche du sculpteur de la découvrir.» (Traduit de l'anglais par l'auteur)

Michel-Ange

Si vous me permettez de parodier cette citation, j'aimerais dire:

«Chaque enfant a un bel artiste créateur à l'intérieur de lui-même et c'est le privilège des parents et des enseignants de l'aider à sortir en pleine lumière pour que le monde le voit et grandisse.»

Avec l'aide d'un bon professeur, ou d'un adulte qui l'aime, chaque enfant doit apprendre à sculpter son vrai moi à partir de son moi apparent. Je l'appelle son moi apparent parce que le visage que nous montrons au monde n'est que la façade que nous croyons qu'on attend de nous. Nous sommes bien différents et bien plus que cette façade.

Lorsque nous endoctrinons les enfants par la culture, dans la famille, à l'école et à l'église, nous façonnons nos enfants en un certain type de personne. Et ce moulage en un certain type de personne, le même pour tout le monde, est très préjudiciable à l'individualité et à l'unicité. Et à moins que nous traitions nos enfants comme des individus, leur chance de devenir qui ils sont vraiment est fortement compromise. Et à moins d'être qui ils sont vraiment, ils sont condamnés à faire semblant d'être eux-mêmes, pour la vie. Ils sont ce que nous leur avons dit d'être et ce que nous les avons, jusqu'à un certain point, forcés à être.

Et, si ce que nous leur avons dit d'être est un citoyen exemplaire? Tout, si ce n'est être soi, est un gaspillage d'une vie qui aurait pu être une célébration de qui nous sommes vraiment. Tout le reste est juste une triste parodie de la plus grande réalisation de l'être humain: l'auto-actualisation.

> **«Si l'éducation doit toujours être conçue selon les mêmes principes archaïques d'une simple transmission de connaissances, il y a peu d'espoir qu'elle puisse améliorer l'avenir de l'homme.»** (Traduit de l'anglais par l'auteur)

> Maria Montessori

Nous savons tous l'implication et la grande influence de Maria Montessori sur l'éducation avec ses écoles privées. Et elle ajouta:

> **«À quoi cela sert-il de transmettre de la connaissance si le développement total de l'individu est en retard?»** (Traduit de l'anglais par l'auteur)

Nous ne sommes pas sur la terre pour premièrement devenir savants ou riches ou importants. Nous sommes déjà toutes ces choses. Nous sommes savants au niveau du subconscient. Nous sommes riches de la véritable richesse de par notre nature humaine. Nous sommes très importants pour soi et pour tout le monde que nous aimons et qui nous aime. Afin de réaliser la sculpture de qui nous sommes vraiment, nous devons enlever du bloc de la personnalité, dans lequel nous avons été emprisonnés par l'influence de notre milieu, tout ce qui n'est pas qui nous sommes vraiment. Nous devons aussi écarter de notre chemin, tout ce qui fait obstacle à ce que nous sommes en train de devenir. Et parmi les choses qui se dressent sur notre chemin il y a la pression de la culture ambiante. Celle-ci nous comprime pour nous faire *«fitter»* dans ce modèle culturel que nous appelons la société, au moyen de l'endoctrinement et du conditionnement.

La plupart des gens pensent que si vous *«fittez»* dans la société, vos parents, vos professeurs et l'église ont réussi à vous élever correctement. Au risque de passer pour un *«contraireux»*, je dois dire ceci: loin d'être un signe de succès, *«fitter»* quelque chose d'aussi *bousillé* que notre société, est un signe d'avoir capitulé et de s'être résigné à suivre le troupeau de moutons en route vers leur perdition.

De même que la statue est déjà dans le bloc de pierre, la vraie nature et le moi de l'enfant sont déjà présents dans le bloc d'être humain, qu'il est à la naissance. Avec l'aide d'un certain type de personnes ayant les aptitudes et l'attitude appropriées, nécessaires pour guider un enfant dans la sculpture de soi, cet enfant va sculpter la meilleure interprétation de la symphonie qu'il est vraiment à l'intérieur.

Et ce type particulier d'adulte se présente souvent sous les traits d'une mère, d'un père, d'un professeur, d'un coach, d'un ami ou de toute personne débordante d'amour. Toutes les circonstances et les apparences de ces adultes varient à l'infini.

Mais ils partageront toujours un facteur commun: le respect de soi et des autres. Et le Respect ne voyage jamais seul; son compagnon de voyage est l'Amour. On ne peut avoir l'un sans l'autre!

14

Parvenir à l'amour de soi

«Il y a des preuves indéniables que plus le niveau d'estime de soi est haut, plus il est probable que l'on traitera les autres avec respect, gentillesse et générosité.» (Traduit de l'anglais par l'auteur)

Nathaniel Branden

Il y a une tendance de la part de la société à encourager nos enfants à imiter certains modèles comme les enseignants ou les héros de guerre, etc. Pour une raison quelconque, j'ai toujours été contre cette pratique. Quand j'enseignais, je disais parfois aux étudiants: *«C'est bon pour moi d'être moi, mais pas pour vous de me choisir comme modèle. Devenir qui vous êtes vraiment, voilà votre modèle à imiter et le seul vrai. Si, par chance, je fais quelque chose que vous admirez, ou que je vous traite d'une manière qui vous fait vous sentir bien, faites-le aux autres.*

«Je ne pense pas que nous devrions désigner des gens comme des «modèles»; mais (suggérer) plutôt des actions, des pensées, des principes.» (Traduit de l'anglais par l'auteur)

Noam Chomsky

D'admirer quelqu'un et d'essayer de devenir comme ce quelqu'un distrait d'essayer de devenir soi-même. D'imiter quelqu'un retarde et sabotage l'actualisation de soi. Dans l'ensemble de la création, il n'y a personne comme vous ou mieux que vous!

Le mot bonheur doit être un des mots les plus flexibles et polyvalents de la langue française. La plupart des gens savent ce qu'il signifie et comment ça se sent d'être heureux.

Il y a un certain nombre d'états d'esprit que nous appelons le bonheur qui ne le définissent pas vraiment. Qu'est-ce donc alors qui définit le bonheur?

Sur Thesaurus.com, Sonja Lyubomirsky conclut dans son livre *«Le comment du bonheur»*, que *«50% du niveau de bonheur d'un être humain donné est déterminé génétiquement,...10% est affecté par les circonstances de la vie et de la situation, et le 40% du bonheur qui reste est sujet au contrôle de soi.»* (Traduit de l'anglais par l'auteur)

Il y a beaucoup de conditions préalables au bonheur, autre que la maîtrise de soi. Je pense que la santé totale (mentale, physique et spirituelle) est l'un des facteurs les plus importants dans l'équation du bonheur humain. Sans la santé totale, la qualité de vie est sérieusement compromise. Mais, qu'est-ce qui vient en premier? La santé est une condition préalable au bonheur ou, serait-elle une résultante du bonheur, ou les deux?

Je crois que c'est possible pour certaines personnes d'être heureuses en dépit d'une mauvaise santé, i.e. la santé physique. Je ne le crois pas possible dans le cas d'une mauvaise santé mentale. Il est très difficile, voire même impossible pour un schizophrène ou une personne dépressive de se sentir heureuse dans cet état, ou en dépit de cet état. Mais là encore, mon doctorat est en BS (bull shit)...et non en psychologie.

Supposons pour un instant que nous possédons les choses essentielles à la survie et un niveau minimum de confort. Supposons aussi que nous sommes en bonne santé. Quelle est, alors, la prochaine condition la plus importante pour le bonheur?

Sans savoir dans quel ordre elles se classent, je verrais celles-ci comme primordiales, même si, par elles-mêmes, elles ne garantissent pas le bonheur. Sans air à respirer et sans nourriture, nous ne pouvons pas survivre. Avec un abri et des vêtements pour nous protéger contre les éléments, nous jouissons d'une sorte de confort dans notre vie, qui s'avère être un pré-requis au bonheur.

Les trois quarts de la population mondiale bénéficient de ces nécessités de base assurant la survie mais seulement un certain pourcentage d'entre eux se disent heureux. Il est presque impossible d'être heureux sans que ces besoins essentiels soient satisfaits. Nous les appelons les strictes nécessités de la vie. C'est une de ces choses que beaucoup n'apprécient pas jusqu'à ce qu'un bon jour elles viennent à manquer.

Jusque-là, nous les prenions pour acquises et ne les voyions pas comme une raison d'être heureux. La compagnie de personnes est une autre de ces choses que nous prenons pour acquise. Il ya tout le temps des gens autour de nous et, trop souvent, nous ne considérons pas cela comme une partie essentielle de notre bonheur. Mais le besoin d'amour et d'appartenance est l'un de nos cinq besoins de base, décrits par le Dr Glasser dans son livre *La théorie du choix*.

Donc, si vous allez dans une excursion solitaire pendant des mois dans le désert, dans la plupart des cas, il ne faudra pas longtemps avant que vous manquiez la compagnie de personnes. Nous sommes d'abord et avant tout des animaux sociaux. Et je pourrais énumérer beaucoup plus de facteurs qui contribuent au bonheur. Quels sont certains des facteurs sans lesquels la vie devient très difficile?

Sans aucun doute, la liberté est l'un de ces facteurs très importants. Nous la prenons pour acquise jusqu'à ce que nous la perdions complètement ou en partie. Le premier exemple qui vient à l'esprit, est d'être envoyé en prison. Dans la plupart des cas, il est assez difficile d'être heureux en prison. Vous perdez votre liberté de mobilité, votre liberté d'association, votre besoin d'amour et d'appartenance et beaucoup d'autres privilèges que nous prenons pour acquis dans la société.

Cependant, en dépit de la quantité restreinte de liberté encore accessible en prison, il vous reste encore la liberté d'attitude. Vous pouvez choisir de garder une attitude mentale positive et faire de votre mieux, dans les circonstances, pour conserver autant de santé mentale et de bonheur que possible.

Comment ces notions s'appliquent-t-elles à l'école et à nos enfants? Supposons que la plupart de nos enfants ont tous les éléments essentiels de base comme les vêtements, l'abri, la nourriture, etc., lesquels, ils ont généralement dans les pays industrialisés. Ainsi, pouvons-nous dire que nos enfants d'école sont heureux? Il n'y a surement pas qu'une seule réponse pour tous. Certains sont heureux, à différents degrés, et certains sont malheureux à différents degrés. Quel rôle joue alors l'école dans le bonheur ou l'absence de bonheur de nos enfants?

Comme ils sont à l'école pendant environ huit mois et demi par année, le drainage de leur bonheur est assez important Les enfants qui n'étaient pas heureux avant d'entrer à l'école, devinrent probablement encore moins heureux après y être entrés. S'ils ne sont pas heureux avant d'entrer à l'école, c'est pour des raisons qu'il serait difficile de déterminer, sans un suivi de l'enfant. Mais regardons quelques-unes des raisons les plus communes. Disons que le petit Johnny est particulièrement timide. De faire face à sa classe chaque jour lui est inconfortable. L'école n'a pas créé sa timidité, mais elle l'exacerbe à un niveau difficile pour lui. Par conséquent, il déteste l'école et on peut comprendre pourquoi.

La petite Susie, d'autre part fait de l'embonpoint, et se fait taquiner et harceler. Elle déteste vraiment l'école et devient souvent très déprimée ce qui amplifie son problème d'inactivité et de mauvaises habitudes alimentaires. Là encore, son problème n'a pas toujours été créé par l'école, mais peut définitivement être amplifié par elle. Souvent elle souhaiterait être morte. Qu'est-ce que l'école peut faire au sujet de ces deux cas d'enfants malheureux?

Quant à Johnny et sa timidité, le système scolaire ne peut pas faire grand-chose de plus que de souhaiter qu'avec le temps, il parvienne à surmonter sa timidité. Il faut être particulièrement attentif à ne pas essayer de le forcer à surmonter sa timidité en le faisant lire à haute voix devant la classe ou en le mettant sur la sellette de quelque façon. Ce serait très insensible et cruel!

Son problème vient probablement d'une réaction à son éducation familiale. La timidité est souvent accompagnée d'un manque d'estime de soi. La famille et l'école devraient saisir toutes les opportunités de lui donner des tâches auxquelles il a une grande chance de réussir et de le louanger pour ses efforts, réussite ou pas.

> *«La confiance est un ingrédient qui est essentiel à la réussite et à la plénitude de la vie. C'est peut-être le seul élément le plus important qui permet à des gens apparemment moyens de faire et de devenir tout ce qu'ils peuvent.»* (Traduit de l'anglais par l'auteur)

> Steve Goodier

Si j'avais à choisir la condition *«sine qua non»* du bonheur, je dirais: l'amour de soi. Mais pour avoir l'amour de soi, on a besoin de l'estime de soi. Et pour obtenir l'estime de soi, il ya une condition préalable. Vous l'obtenez d'abord et avant tout en jouissant de l'amour inconditionnel de parents qui s'aiment inconditionnellement. Et si vous avez ce don de l'amour, vous pouvez conquérir tout le reste.

Si vous n'avez pas ce don précieux dans votre vie, tout le reste ne sera pas focalisé et vous subirez la vie, boitant fortement, dans la plupart des cas. Avec détermination et patience, certains d'entre vous, le temps venu, auront l'occasion de se *parenter* eux-mêmes, de la bonne façon, cette fois-ci, et de retrouver la confiance en soi et l'estime de soi. Une bonne estime de soi et l'amour de soi vont de pair, et, ensemble, ils rendent le bonheur possible.

C'est ce à quoi Sonja Lyubomirsky fait allusion quand elle dit que *«40 pour cent du bonheur est soumis à un contrôle de soi.»* Sinon, il n'y aurait aucun espoir de bonheur pour une grande partie de la population qui n'a pas reçu d'amour inconditionnel à la maison ou à l'école. Et sans cet amour inconditionnel, il est difficile pour tout individu de développer un sentiment d'estime de soi.

Nathaniel Branden, dans *Psychologie de l'Estime de soi*, décrit l'estime de soi comme étant **«la somme intégrée de la confiance en soi et du respect de soi»**, qu'il décrit respectivement comme **«un sentiment d'efficacité personnelle et un sentiment de valeur personnelle.»**

L'école devrait essayer de mettre en place une atmosphère de jeu où chaque enfant puisse ressentir la confiance en soi et le respect de soi. Pour sentir la confiance en soi, vous devez faire partie d'un jeu dans lequel vous gagnez plus souvent que vous perdez. Perdre de façon répétée à un jeu que vous n'avez pas choisi, et que vous n'aimez pas, ne contribuera qu'à l'ennui, la frustration et l'effritement de la confiance en soi. Ça ne détruira peut-être pas votre estime de soi, mais ça ne sera certainement pas propice à la bâtir.

À quelqu'un qui me demandait pourquoi je quittais l'enseignement en 1972, je me souviens lui avoir répondu que je me sentais comme un complice d'une déformation systématique de notre jeunesse. Cette personne m'a regardé d'un drôle d'air et s'est probablement sentie désolée *devant mon incompréhension de la grande opportunité que l'école représente pour nos enfants...*

Notre système scolaire s'en est tiré avec un endoctrinement religieux, politique et psychologique pendant plus de cent ans parce que personne, jusqu'à très récemment, n'osait leur résister et risquer sa réputation. Des gros systèmes comme l'église, le gouvernement et l'école sont de gros monuments auxquels s'attaquer. Jusqu'à ce que les gens s'élèvent contre eux et exigent des changements, ils vont continuer leur règne de déception et d'abus au détriment de la société dans son ensemble, mais plus particulièrement de nos enfants. Et tous trois fonctionnent sous le même principe: conditionner par l'endoctrinement. En d'autres termes, la manipulation de la psyché par un lavage de cerveau systématique.

Chaque enfant a besoin d'amour, de justice, de respect et de l'opportunité d'apprendre. En d'autres mots, de la réalisation de soi. Ils ont tous besoin de l'amour inconditionnel que certains reçoivent de leurs parents, mais à l'école ils le reçoivent très rarement.

Et il n'y a pas de connaissance plus importante que de savoir et de sentir qu'ils sont aimés par ceux qui choisissent la mission de les *co-parenter* et de les aider à apprendre à apprendre et à devenir qui ils sont vraiment! Je dirais que pour une grande majorité des élèves, l'école est plutôt une torture qu'un plaisir. Selon une étude dont j'ai pris connaissance, 70% des filles et 80% des garçons ne l'aiment qu'un peu, comparé à respectivement 30 et 20% d'entre eux qui l'aiment beaucoup.

> *«Dans un univers où toute vie est en mouvement, où chaque fait, vu en perspective, est totalement engageant, nous imposons l'immobilité à des jeunes corps vivants, nous changeons la réalité en ennui, et l'action en corvée.»* (Traduit de l'anglais par l'auteur)

Marjorie Spock

Pensons de façon fantaisiste, pour un moment. Supposons que votre enfant est l'un des 30% ou 20% qui aiment beaucoup l'école. Vous êtes un parent privilégié et ils sont des enfants chanceux. Beaucoup moins de friction pour vous deux. C'est là une façon de voir les choses. Si vous êtes un de ces parents privilégiés, vous pourriez ne pas être d'accord avec ce que je vais dire ensuite.

Je crois que le bonheur futur de votre enfant est en danger. *Ce n'est pas normal pour un enfant d'aimer beaucoup l'école!* L'école est un système ambivalent qui oblige les enfants à accepter la contrainte comme étant bonne pour eux. *La coercition n'est pas bonne pour eux, pour vous, pour moi ou pour qui que ce soit!* Certains réfuteront mon argument en disant que *«la coercition existe à tous les niveaux de la société.»* Ils ont raison. Et que *«par conséquent, nous ferions mieux de préparer nos enfants à être en mesure d'y faire face et de survivre en dépit de la contrainte.»* En d'autres termes, nous voulons qu'ils s'intègrent dans la société.

Je peux comprendre ce raisonnement, mais je ne peux pas le partager. La plupart des gens s'entendent pour dire que notre civilisation n'est pas saine; il y a trop d'enfants qui meurent de faim dans le monde, il ya le réchauffement de la planète, le racisme, les guerres, l'assujettissement des femmes dans plus de la moitié du monde, de la contrainte à tous les niveaux de la société dans tous les pays et beaucoup d'autres souffrances qui pourraient être évitées. Je peux déjà imaginer les gens m'appeler un idéaliste et un utopiste.

Je ne crois pas pour un seul instant que nous puissions créer un monde parfait en un million d'années. Mais je crois que ça fait partie de notre défi humain d'essayer d'améliorer le monde dont nous avons hérité à la naissance. Entre un monde parfait et le monde de 2014, il ya beaucoup de place pour de l'amélioration.

Et le meilleur exemple auquel je puisse penser, est la contribution du Dr W. Edwards Deming avec la création de la «gestion avec leader» et du Dr William Glasser avec l'implantation de ses «*Écoles de Qualité*» sans coercition. Les employés d'une place de travail munie de «gestion avec leader» seront plus conscients de la contrainte dans la société et tendront à ne pas y contribuer à la maison ou au sein de leur cercle social. Même chose avec les enfants des «*Écoles de Qualité*». Ils ont une vie beaucoup plus normale, sont plus heureux à l'école et à la maison et mûrissent plus vite, dans la normalité.

Demande à la colombe

Un jour j'ai demandé à la blanche colombe,
Le secret convoité d'un éternel amour,
Qui imprègne ta vie, du berceau à la tombe,
Et qui donne couleur à ta nuit, à ton jour.

La colombe discrète, roucoula tendrement,
Arrangea son plumage, flattée par ma demande.
«La réponse à l'énigme qui t'intrigue constamment,
N'a de base dans la science ni sa recherche grande.

Demandes à l'hirondelle, au moineau, au geai bleu,
D'où viennent leur énergie, leur humeur et leur chant?
Baisses-toi et demandes à la fleur, si tu veux,
Sa forme et sa couleur, son parfum, son encens.

Au dauphin, à la loutre, dans leurs jeux, leur folie,
Au chaton, au lionceau, à toute la nature,
Quel est l'ingrédient de leur grande euphorie,
Ce mystère qui te hante, t'intrigue et te torture.

Et tous en leur langage, leur murmure et ramage,
Leur coup d'aile, leur envol, leur galop, leur entrain,
Te feront un portrait, un dessin, une image,
Faits de plantes et d'oiseaux, d'animaux et d'humains.

Mets tes mains dans la terre, du dedans, du revers,
Ta tête dans les nues, ton visage près des fleurs,
Refais ta connexion avec tout l'univers,
Ré-attaches la maille de la chaîne des cœurs.

Alors tu comprendras, mais pas avec ta tête,
Comme ces grands savants, mais d'ici, en dedans,
Comme le font les enfants, prépareras la fête,
Car l'amour est partout, pour tous, petits et grands.»

Roméo Gauvreau, Janvier 2000.

15

L'actualisation de soi

> «Les êtres humains ne naissent pas une fois pour toutes le jour où leur mère leur donne naissance, mais ...la vie les oblige encore et encore à se donner naissance à eux-mêmes.» (Traduit de l'anglais par l'auteur)

Gabriel García Márquez

Kurt Goldstein définit l'auto-actualisation comme:«*la tendance à actualiser, autant que possible, les capacités individuelles [de l'organisme] dans le monde. La tendance à l'auto-actualisation est «le seul instinct par lequel la vie d'un organisme est déterminée.*» (Traduit de l'anglais par l'auteur)

Si nous appliquons cette définition de l'auto-actualisation à nos enfants, nous devons réaliser l'énorme responsabilité pour nous, parents, de ne pas entraver l'évolution de nos enfants dans un effort pour les façonner à l'image de la culture actuelle.

Comme pour une plante, disons un rosier, nous devons fournir tous les éléments nécessaires à sa croissance, comme l'amour, les nécessités de la vie et une bonne orientation, mais nous devons éviter de s'attendre à ce que notre buisson de roses rouges produise des roses jaunes. Ça peut se faire par le greffage, mais on doit réserver cette procédure pour nos plantes,...pas pour nos enfants.

Je vais utiliser un rosier comme un exemple pour illustrer la théorie de M. Goldstein. Si jamais vous observez un rosier dans votre jardin, la plante est très généreuse et porte des fleurs la première année, dans la plupart des cas. Si cette plante ne se fait pas piétiner ou écraser par l'accumulation de la neige, et qu'elle reçoit un mélange normal de soleil et de pluie pendant la saison, elle produira très probablement une abondance de fleurs dans les années subséquentes. Nous apprécions cette plante principalement pour ses fleurs et leur arôme agréable, mais l'arbuste lui-même est très beau.

Comme vous pouvez le voir, il y a plus que ce qui frappe la vue dans un rosier. La beauté de sa fleur est ce qui attire d'abord notre attention. Puis son parfum nous envoûte, et la beauté de la plante bien fournie complète le décor. Tout au long de ce processus, sauf pendant l'hiver quand il est endormi, l'évolution du rosier ne s'arrête jamais.

Au printemps, après le froid et le gel, dans certaines régions, il entreprend la tâche de re-décorer ses branches avec des feuilles et des bourgeons pour nous offrir une autre performance de saison. Année après année, durant des décennies, il n'oubliera jamais de nous enivrer de son parfum et de nous charmer avec son beau symbole de l'amour. «...*la vie les oblige encore et encore à se donner naissance à eux-mêmes.*»

Comme Gabriel Garcia Marquez nous le dit, la naissance n'est qu'une étape dans l'évolution d'un être humain, un point dans le temps dans la sculpture d'une pièce d'art belle et sophistiquée qui ne sera jamais achevée aussi longtemps que nous vivrons. Comme ces rosiers, saison après saison et vie après vie, nous revenons pour nous accomplir et accomplir la création.

Dans le langage de la rose nous sommes vivaces. Dans le nôtre, nous sommes éternels! Enfin, pour Mr.Goldstein,

«...à tout moment l'organisme a une tendance fondamentale à actualiser toutes ses capacités, tout son potentiel, car il est présent à exactement ce moment, dans exactement cette situation, en contact avec le monde dans les circonstances données.»
(Traduit de l'anglais par l'auteur)

16

Le Facteur R.P.

«Le monde extérieur vous offre en permanence la possibilité de vous voir et de vous observer (comme dans un miroir) et vous donne ainsi une chance de vous transformer.» (La parenthèse et la traduction de l'anglais par l'auteur)

Swami Prajñanpada

Le monde extérieur nous présente un miroir où nous pouvons nous voir et nous mettre à l'heure. Nous sommes constamment en relation avec quelque chose ou quelqu'un. De la même manière que nous faisons constamment des choix, de la naissance à la mort, jour après jour.

Le Dr William Glasser avance cette théorie dans *La Théorie du Choix*, l'un des livres les plus importants qu'il ait jamais écrit. Au cours des 6 dernières années, après avoir pris les cours de formation de base en thérapie de la réalité et la théorie du choix,en bref, RC et CT, de l'Institut William Glasser avec Lucy Scott comme coach, je crois totalement en sa théorie.

Quant à ce que j'appelle le facteur de RP, cela signifie le facteur de relation personnelle. Nous sommes totalement immergés dans des relations. Nous sommes nés en raison d'une succession de plusieurs types de relations.

Nos parents eurent d'abord une relation sociale, une relation romantique, une relation d'amour, une relation de couple, ce qui les a amenés à une relation sexuelle et enfin une relation d'amour et de support envers tous et chacun de nous. Et depuis ce jour, nous n'avons jamais cessé d'être en relation avec nous-mêmes, avec les autres et avec tout le reste du monde environnant.

Nous devons essayer d'aider les élèves à comprendre l'importance d'être en mesure d'établir une bonne relation avec leurs parents, leurs amis, leurs pairs, et toutes les personnes avec qui ils/elles partagent une partie de la journée, à l'école ou pendant leur temps libre. La relation à soi-même est d'une importance capitale s'ils/elles veulent apprendre à se connaître, à s'accepter, à s'aimer eux-mêmes. Bref, à s'actualiser. Il faut être capable de s'aimer soi-même avant d'être en mesure d'établir des relations satisfaisantes et heureuses avec les autres. Et comment pouvons-nous enseigner cela aux étudiants?

Nous ne le pouvons pas, ...pas vraiment. Pas par ce que l'école entends par enseignement. La meilleure façon, je crois, c'est d'être nous-mêmes avec eux et de leur permettre d'être eux-mêmes avec nous. Si nous ne les aliénons pas d'abord par la coercition et l'endoctrinement, la relation à soi et aux autres leur viendra naturellement avec l'apprentissage normal de la vie.

Le premier des cinq besoins fondamentaux de tous les êtres humains, selon Glasser, est la survie. Les quatre autres besoins sont des besoins psychologiques et le premier de ces quatre, c'est l'amour et l'appartenance. Si nous avons des problèmes dans la relation avec soi-même -et par conséquent avec les autres-nous aurons de sérieux problèmes avec l'amour et l'appartenance. Et si nous ne pouvons pas donner et recevoir de l'amour, nous flétrirons comme une plante dépourvue de nourriture, sans eau ni lumière du soleil.

Cette capacité d'établir une relation avec soi et avec les autres d'une manière satisfaisante est l'un des atouts les plus importants dans la vie. Sans lui, la vie sera non-productive et misérable. Un des problèmes que d'avoir de bonnes relations avec soi et avec les autres contribuerait à enrayer c'est le harcèlement. Ça aurait une bien meilleure chance de réussir que par la coercition. La coercition n'a jamais été positive et ne le sera jamais! L'amour, le respect et la compréhension devraient être les principaux agents de l'éducation et de la vie en général.

Nous devrions nous préoccuper de l'école en tant que système et son influence sur les enfants. Personnellement, je ne crois pas qu'elle respecte ces jeunes êtres humains, sur lesquels elle applique trop de contrainte. C'est une prison intellectuelle et morale, et nous savons ce que la prison fait aux êtres humains. Jusqu'à ce que nous comprenions cela, que nous respections ces jeunes *et que nous les traitions comme nous traitons nos meilleurs amis, l'école continuera d'être une usine d'abrutissement!*

Et au lieu de regarder les décrocheurs comme s'ils étaient des échecs et des perdants, demandez-leur pourquoi ils l'ont fait. Ils vous diront qu'ils ne pouvaient plus prendre l'abus de ce système et d'un grand nombre d'enseignants qui les harcelaient de façon régulière. Mais cela, vous ne l'entendrez pas, si vous êtes un enseignant qui emploie la contrainte; ils ont peur de vous et de ce que vous pourriez faire.

Oh! Ils vous diront aussi que l'école est stupide ...et je suis d'accord avec eux! Pour moi, leur décrochage est un signe de résistance au régime erratique et abusif du camp de concentration que nous appelons école, et le conditionnement inhumain que nous appelons éducation. Nous devrions donc embaucher des enseignants, non par ce qu'ils savent, mais par qui, quoi, et comment ils sont. Les instructeurs sont nombreux, mais *les vrais éducateurs sont clairsemés...*

Nous devons garder à l'esprit que, pendant 12 ans de leurs années de formation, nos enfants ont connu, à l'école, une mini-société faussée dans laquelle les relations étaient destructives. D'abord la relation à l'enseignant en était une de patron/employé ou de geôlier/prisonnier. Ce type de relation est commun dans notre culture: patron/employé au travail et gouvernement/citoyen dans la société. Ce ne sont pas là des relations d'acceptation et d'amour!

Il y a un débat philosophique sur ce qui devrait être considéré comme normal. Mais je ne vais pas aller me perdre dans les vapeurs *soporifiques de quelque harangue philosophique...* Permettez-moi cependant de dire ceci. Si les enfants n'étaient pas à l'école, ils seraient très probablement à la maison avec leurs parents. Dans ce scénario, ils ne seraient normalement pas soumis à la contrainte tous les jours pendant 6 ou 7 heures par jour. Dans les meilleures familles, ils ne subiraient pas la coercition, mais la cohésion et de la coopération. Dans la famille moyenne, ils éprouveraient parfois de la contrainte, mais pas tout le temps comme à l'école. Juste d'être assis à votre bureau, si vous ne voulez pas être là, est une forme de contrainte de la part de l'école et, par ricochet, du gouvernement.

On devait être au printemps de 67, quand un jour, dans une classe de «*personnalité*»,-une des classes de temps perdu, selon l'école,-j'ai pris 45 minutes pour essayer d'expliquer à mes élèves de 11ième année, l'importance d'apprendre à créer et à maintenir une relation satisfaisante avec soi-même, d'abord, puis avec les autres.

Je peux encore visualiser Line, ma nièce, assise dans la première rangée, avec, sur son visage, une expression de quelqu'un qui voit un fantôme. Tout le monde était tellement sérieux que nous aurions pu entendre une mouche marcher au plafond... J'étais le seul à briser le silence... Et leur silence était étonnamment impressionnant! Ils écoutaient avec un degré d'intensité et de curiosité rarement vu dans une classe ordinaire. J'avais ajouté en conclusion: «*Si vous n'apprenez pas comment établir et maintenir une bonne relation avec vous-même et avec les autres, vous allez manquer votre vie!*»

Quel plaisir ce fut pour moi de lire une déclaration similaire dans un des livres de William Glasser 40 ans plus tard!

17

Devoirs à la maison

«*Les devoirs permettent aux élèves de mettre en pratique les compétences qu'ils ont acquises durant les heures d'école. Cela permet à l'étudiant de conserver les connaissances acquises au cours de la journée...* » (Traduit de l'anglais par l'auteur)

Anonyme

Pour dire la vérité, je ne suis pas sûr du pourcentage des parents qui sont en faveur des devoirs à la maison pour leurs enfants. La gamme varie entre être en faveur de façon fanatique, de s'en ficher ou d'y être complètement opposé.

Je comprends l'argument des parents qui croient que leurs enfants acquièrent des connaissances et reçoivent une éducation à l'école. Je les comprends, mais je ne suis pas d'accord avec ceux qui croient que leurs enfants héritent des connaissances et de l'éducation à l'école. Je crois fermement que l'éducation à l'école, ne peut se réaliser qu'après qu'une relation respectueuse ou une connexion véritable ait été établie entre les deux partis concernés, l'élève et l'enseignant.

Une éducation ne peut être donnée ou imposée à un étudiant, par la contrainte ou par tout autre moyen. Ça ne s'appelle pas de l'éducation; ça s'appelle de l'endoctrinement, ou, de la manipulation de la psyché. Et l'endoctrinement n'est jamais une expérience positive. Plutôt, ça abrutit les gens.

Les informations reçues par l'endoctrinement ne constituent pas ce que j'appelle de la connaissance. Autre que par l'éducation physique, le sport, la musique et les arts en général, je soutiens fermement que de la 6e année à la 12e année, nos enfants n'acquièrent pratiquement aucunes connaissances à l'école, et surement pas d'éducation!

A la tête de ce chapitre, j'ai reproduit la citation d'un parent exprimant son opinion favorable de la pratique des devoirs à la maison. Je vais maintenant partager avec vous l'opinion d'un étudiant qui reflète ce que la grande majorité des étudiants pensent des devoirs.

> *«Les élèves sont déjà gardés à l'école pendant 7 heures d'affilée, et maintenant vous allez nous enlever encore PLUS de notre temps?...nous laissant pas de temps pour faire les choses que nous voulons réellement faire. Il ne reste plus de temps à passer avec la famille.»* (Traduit de l'anglais par l'auteur)

Anonyme

Je ne crois pas pour un instant que les adolescents détestent les devoirs à la maison, d'abord parce qu'ils veulent passer plus de temps avec leur famille. En Amérique, de nos jours, les enfants veulent plus de temps pour jouer à des jeux sur leur ordi et passer du temps avec leurs amis et communiquer sur leurs gadgets électroniques.

Je ne les blâme pas d'utiliser cette nouvelle façon moderne d'échapper au stress de leur vie scolaire. Leurs vies sont ennuyantes, gaspillées, absurdes et *comme de la merde dans un bas de soie!* L'ennui est une chose très difficile à supporter pour n'importe qui. Je vois cela comme une forme de torture mentale qui empêche la réalisation de soi de l'enfant. Et l'école les force à faire face au pire ennui qu'ils n'auront jamais à endurer.

Je crois que l'ennui est une situation dans laquelle votre besoin de jouer, votre curiosité, votre créativité, votre désir d'apprendre et de vous amuser sont tout d'un coup et en même temps compromis par l'agenda de l'école, visant à vous conditionner avec plus de succès. Et cela, pour 6-7 heures par jour, 5 jours par semaine, plus les devoirs à la maison les soirs de semaine et du week-end. À mon avis, les devoirs à la maison sont un gaspille de temps, punitif et pleinement irresponsable. C'est un dinosaure de la façon de penser du 19ème siècle *que nous devrions reléguer au musée... avec les autres dinosaures!* C'est une pratique inhumaine et elle devrait définitivement être supprimée!

> *«Si les enfants ne sont pas tenus d'apprendre des choses inutiles et vides de sens, les devoirs sont tout à fait inutiles pour l'apprentissage des matières scolaires ordinaires.»* (Traduit de l'anglais par l'auteur)

Passage du magazine Parents

18

Pseudo discipline

«*De mettre l'accent sur la discipline c'est d'ignorer le véritable problème: nous ne serons jamais en mesure d'amener les élèves (ou quiconque d'autre) à être en bon état si, jour après jour, nous essayons de les forcer à faire ce qu'ils ne trouvent pas satisfaisant.*» (Traduit de l'anglais par l'auteur)

William Glasser, *Théorie du contrôle dans la classe.*

Une plainte que nous entendons de plus en plus, porte sur la jeune génération et leur manque de discipline. Ils font moins d'exercice, restent levés trop tard, passent trop de temps sur leurs gadgets, à jouer des jeux, à parler ou à envoyer des textes à leurs amis. Beaucoup d'entre eux abusent des drogues et de l'alcool. Beaucoup de la vieille génération le voit comme un manque de discipline, et ça peut l'être.

Puis, vient la grande question. Les enfants d'aujourd'hui sont-ils moins disciplinés que nous l'étions? Si nous considérons s'abstenir de certains comportements être disciplinés, nous aurions tendance à dire qu'ils sont moins disciplinés que nous l'étions. Et peut-être qu'ils le sont. Mais si je n'ai pas passé beaucoup de temps au téléphone, si je n'ai pas mangé beaucoup de malbouffe, si je n'ai pas bu d'alcool ou fumer du pot, ça n'avait rien à voir avec la discipline. *Ça ne nous était tout simplement pas accessible, donc nous n'avions pas de mérite à nous en abstenir.* D'autre part, nous avions accès à des douceurs comme les biscuits maison et le sucre. J'étais et j'y suis encore accro.

Nous en avions la dépendance avant de savoir marcher. J'ai entendu dire que certaines mères donnaient une bouteille d'eau chaude avec du sucre à leurs bébés pour qu'ils s'endorment plus vite... Dans la mentalité de l'époque, d'être un ivrogne ou un alcoolique faisait sérieusement froncer les sourcils à la plupart des gens. C'était considéré comme un péché mortel et un déshonneur d'être un alcoolique ou un ivrogne, et il n'y en avait pas beaucoup aux alentours, ou... c'était très bien caché. Comme pour les drogues de rue, ce n'était pas vraiment accessible aux personnes dans notre région avant les années soixante, pour autant que je sache.

Vers 1965, quand j'ai commencé à enseigner, j'ai commencé à entendre parler de certains élèves fumant du pot et du haschisch. En ce qui concerne les grands centres comme Montréal, ça aurait commencé des années plus tôt. Mais c'était un sujet tabou et c'était toujours gardé très secret.

Il ya aussi de nombreux genres de discipline. La discipline militaire, que je trouve abusive et robotique, n'enseigne pas la discipline de la vie quotidienne normale. Elle n'a qu'un objectif qui est de former des *machines à tuer* efficaces. Trop souvent, les personnes militaires croient dans l'imposition de leur discipline militaire à leurs enfants, à la maison. Cela s'avère très préjudiciable à l'auto-actualisation et au bonheur des enfants.

Il ya la discipline qui châtie, ce qui est masochiste et destructeur. C'est une forme de discipline ascétique que l'on retrouve dans la plupart des groupes religieux. Le célibat des prêtres est une manifestation d'un tel régime de vie dénaturé qui continue d'être imposé à ses prêtres par une religion archaïque que tout le monde peut identifier. Aller à l'encontre de la nature n'est jamais bénéfique, quel que soit le motif.

Il s'agit d'un endoctrinement fanatique et est une déviation de la normalité. En ce faisant, l'individu porte atteinte à sa découverte de soi et à la réalisation de soi. Cela compromet son progrès dans la poursuite de devenir vraiment qui il est. Ce n'est pas de la discipline, c'est de l'autodestruction. Est-ce à dire que la discipline est préjudiciable aux êtres humains?

De nombreux types de discipline le sont, mais aucune d'elles n'est une vraie discipline. Au lieu de cela, la plupart du temps c'est un assujettissement à la coercition, volontaire dans le cas de la discipline militaire et involontaire dans le cas de la discipline scolaire. Je crois qu'elle est préjudiciable dans ces deux exemples.

Ce que nous concevons comme discipline, s'avère la plupart du temps, être une ligne de conduite imposée principalement sur les enfants par des adultes. Cette ligne de conduite imposée n'est pas de la discipline. C'est tout simplement une forme *honorable* de harcèlement. Je dis honorable parce que non seulement elle est acceptée par le gouvernement, les autorités scolaires et la société en général, mais même par la plupart des parents. La société a hérité d'une culture qui a été manipulée pour servir les intérêts capitalistes de *l'establishment*.

En dépit de cette tendance de notre culture à demeurer une marionnette de *l'establishment*, il ya des gens qui condamnent cette façon coercitive archaïque de penser et qui choisissent de croire en la résilience des êtres humains et à un certain type de discipline qui est recommandé et essentiel pour les adultes et les enfants.

«La discipline vraie consiste non pas dans la contrainte extérieure, mais dans les habitudes d'esprit qui conduisent spontanément vers des activités désirables plutôt que des activités indésirables.»
(Traduit de l'anglais par l'auteur)

BertrandRussell

Nous devrions essayer d'enseigner aux enfants à être très prudents avec l'utilisation du crédit et ses pièges. C'est un département très important de la vie qui menace la sérénité et la stabilité financière. Comment pouvons-nous les aider dans ce département alors qu'ils voient une grande majorité des adultes acheter impulsivement ce qu'ils veulent au lieu de ce dont ils ont besoin et ***ce pour lequel ils ont vraiment les moyens?***

«*Il ya une propagande massive pour que tous consomment. La consommation est bonne pour les profits et la consommation est bonne pour l'establishment politique.*» (Traduit de l'anglais par l'auteur)

Noam Chomsky

La meilleure façon d'essayer d'aider avec ce problème épidémique n'est surtout pas par le prêchage. Les jeunes sont complètement immunisés contre tout prêchage par qui que ce soit. Et on doit essayer de comprendre. Ils viennent d'être victimes de 12 années de radotage insipide et souvent stupide mais toujours abusif.

Cependant, je tiens à souligner un point de grande importance, je crois. Une des choses que les enfants réclament le plus de nos jours, c'est la gadgeterie électronique. S'ils n'apprennent pas à utiliser *tous* les gadgets que nous les voyons utiliser chaque fois qu'ils en ont la chance, ils seront, après l'école, *les personnes les plus illettrées que le monde ait jamais connues.*

Dans dix ans, la plupart des gadgets présents auront été remplacés par des gadgets plus rapides, plus intelligents, plus légers et plus plus! Mais en outre, il y aura une myriade de nouveaux programmes pour lesquels il n'existe pas encore de mots ni de concepts pour le public. De posséder les gadgets d'aujourd'hui, et d'en avoir la maîtrise, ouvrira la porte et donnera accès au monde de la main-d'œuvre de demain. C'est une question de vie ou de mort!

Il y a une chose que nous devons essayer de comprendre: ces gadgets rendent obsolète la nécessité des connaissances que nous essayons de leur imposer aujourd'hui, partout dans le monde.

Avec ces gadgets, ils n'ont pas besoin de la connaissance que nous croyons qu'ils ont besoin. Ils ont les outils et le savoir-faire pour accéder à toute information qu'ils désireront connaître ou dont ils auront besoin. Nous n'avons plus à *remplir leurs cruches.* C'était préjudiciable quand nous l'avons fait dans le passé, et ce serait très peu intelligent que d'essayer de continuer à le faire. En tant qu'enseignants, nous sommes là pour les aider à apprendre à apprendre.

Permettons-leur de vivre des expériences au moyen desquelles ils expérimenteront la vie. Encourageons une libération de l'esprit pour permettre l'apprentissage de connaissances vraiment utiles comme les réponses à ces questions très importantes: *qui suis-je, qui êtes-vous et comment puis-je vous aider?* Les Grecs, il y a environ 6000 ans, avaient une inscription dans le temple de Delphes qui disait: «*Gnothi Seauton*»: «*Connais-toi toi-même!*»

Vous ne pouvez pas vous aimer avant de vous connaître vous-même et vous ne pouvez pas aimer les autres avant que vous vous aimiez. Et pour apprendre à vous connaître, vous avez besoin d'une certaine sorte de discipline qui est primordiale si vous voulez vous connaître un jour. Si vous connaissez tout le reste de ce qu'il y a à connaître dans l'univers et que vous ne vous connaissez pas vous-même, vous êtes une âme confuse et impuissante dans ce voyage magique que nous appelons la vie.

Cette sorte de discipline, tellement importante dans ce voyage vers soi et vers l'autre, est à facettes multiples. L'aspect le plus important consiste à prendre la décision aussi jeune que possible de ne jamais se mentir sciemment. Mentir aux autres est aussi à éviter autant que possible, jusqu'à ce que vous ayez assez évolué pour ne plus en avoir besoin. C'est de la plus haute importance.

Une des façons de se mentir à soi-même inconsciemment, c'est d'accepter la prostitution sous quelque forme que ce soit: l'assujettissement au conditionnement, au lavage de cerveau et à l'endoctrinement. L'endoctrinement est toujours destructeur, même si le contenu de l'endoctrinement était vrai, ce qui est rarement le cas. L'endoctrinement est l'outil le plus puissant pour contrôler les gens par la manipulation de leurs croyances.

Une bonne façon de se protéger contre tout contrôle extérieur est de ne jamais accepter une croyance qui ne passe pas notre censure ou un système de dépistage sérieux à la porte de notre intellect. Être sceptique de ce qui nous est étranger me semble une condition «*sine qua non*» à la réalisation du «*gnothi seauton!*»: «*connais-toi toi-même!*» des Grecs d'antan, pleins de sagesse.

La quantité de connaissances nécessaires à la conduite de la vie, autres que la connaissance de soi, n'est qu'un accessoire pour rendre le voyage de la vie plus facile et plus agréable. Il est également utilisé à des fins de divertissement, comme une titillation du cérébral... Le mot discipline a une signification différente pour différentes personnes. Et le seul vrai sens du mot discipline, pour moi, est une certaine résolution mentale d'un individu dans la poursuite de la connaissance de soi et sa connexion à la création. Cette résolution est de choisir des routes allant vers la découverte de soi, de l'autre et de la vie et pas d'autres routes, quelles que soient les promesses de récompense au bout de ces routes illusoires...

> *«Les châtiments peuvent nous faire obéir aux ordres qui nous sont données, mais, au mieux, ça nous apprendra l'obéissance à l'autorité, mais pas une maîtrise de soi qui augmente le respect de soi.»*
> (Traduit de l'anglais par l'auteur)
>
> Bruno Bettelheim

Malgré tout son décorum et sa prétention de noblesse, l'école enseigne seulement à nos enfants à obéir à l'autorité-toute autorité-et pas une sorte de respect de soi qui rend possible le choix des seuls chemins menant à la réalisation de soi.

19

Harceleurs et Cyber harceleurs

«Être différent est en train de tuer nos enfants et les enfants qui sont des harceleurs sont en train de mourir à l'intérieur. Nous devons sauver nos enfants qu'ils soient victimes du harcèlement ou des harceleurs. Ils sont tous dans la douleur.» (Traduit de l'anglais par l'auteur)

Cat Cora

Je ne vois pas quel droit notre société a de dire aux harceleurs d'arrêter de harceler! Vraiment! Nos gouvernements nous harcèlent constamment. Si vous en voulez un exemple, vous n'avez qu'à joindre un mouvement de protestation et de vous regrouper dans la rue et voir combien de temps il faudra avant que la police s'amène avec une variété de méthodes très désagréables pour vous faire prendre votre trou et vous faire fermer la boite!

Au printemps 2012, à Montréal, nous avons pu en voir un exemple parfait. Le gouvernement, ayant annoncé son intention d'augmenter les frais de scolarité des collèges et universités, l'union des étudiants organisa une manifestation et ils se rassemblèrent dans la rue. Alors je me pose la question: *«Quel mal cela pourrait-il faire au gouvernement d'inviter les représentants syndicaux des étudiants à une rencontre pour discuter de la hausse des frais de scolarité et de la situation financière du gouvernement?»*

Ce sont tous des étudiants universitaires. Tous des êtres intelligents. Pourquoi ont-ils dû aller protester dans la rue, en premier lieu? Il ne s'agissait pas de criminels... Pourquoi ne pas les traiter avec le respect et la dignité qu'ils méritent? Dans une rencontre avec le gouvernement, ils auraient eu la chance de débattre leur point de vue et peut-être en arriver à un accord. Quelle que soit l'issue de cette rencontre, ils auraient pu en ressortir avec la tête haute et les principes de la démocratie aurait été copieusement renforcés!

Au lieu de cela, le gouvernement a passé le projet de loi 78 qui, fondamentalement, a enlevé aux citoyens leur droit de manifester. Cette loi exige que toutes les protestations soient précédées par un avertissement préalable à la ville de huit heures, être composées d'un maximum de 50 personnes et que l'emplacement exact et l'itinéraire de la protestation soient communiqués à l'avance... et quelques autres règles castratristes du genre. Les gouvernements au pouvoir nous traitent... comme nous traitons nos enfants à l'école: la coercition, le manque de respect, l'assujettissement et le reste... Mais retournons au harceleurs et aux harcelés à l'école.

Je crois que les hommes ont harcelé certains autres hommes et probablement la plupart des femmes depuis le début des temps. Les pays ont harcelé d'autres pays et sont encore à le faire pendant que vous lisez ce livre. On n'à qu'à regarder les nouvelles à la télévision pour voir et entendre parler de guerres, que ce soit pays contre pays ou des guerres civiles, déchirant les pays en pièces et décimant les populations comme en Syrie en ce moment, où il y a eu plus de 150,000 morts et aussi en Égypte, pour n'en nommer que quelques-uns.

Cela étant dit, je suis totalement contre la contrainte entre pays, contre les femmes, ou contre tout citoyen, y inclus les harceleurs. À l'école, parmi les causes possibles du harcèlement, nous devons considérer le niveau très élevé d'ennui qui est, sans doute, une source de frustration et d'agressivité chez certains élèves, plus que chez les autres. Les étudiants qui sont victimes de contrainte à la maison, en plus de la contrainte constante à l'école, seraient-ils plus enclins à harceler les autres?

Le phénomène du harcèlement devrait nous faire réfléchir sérieusement! C'est un signe d'alarme que la société ne peut pas se permettre d'ignorer. Nous assistons à une réaction à la contrainte qui est extrêmement grave et inquiétante... Je ne veux pas condamner ces enfants, ni les discréditer. Je veux plutôt les prendre à part et leur donner une étreinte! Je crois que certains de leurs parents, leur école et la société dans son ensemble les ont abusés, les ont trahis! Que nos enfants réagissent de cette manière est un cri à l'aide urgent! Ils sont en train de se noyer dans les mers tempétueuses et engouffrantes de la coercition. ***Ils ont besoin d'aide!!!*** Ils ont besoin de temps en dehors de l'école: 3 mois, 6 mois? Le temps qu'il leur faudra *pour guérir leur âme!*

Si nous ne prenons pas le temps de les aider à remettre leur vie sur la bonne «*track*», ils gaspilleront probablement leur vie. Lorsque c'est humainement possible, on devrait les retirer de l'école et les envoyer dans une école Montessori ou dans une «*École de Qualité*», lorsque possible. Eux et leurs parents ont absolument besoin de conseil psychologique. Les dommages infligés par l'école, dans presque tous les cas, et par les parents, dans une bonne partie des cas, contribuant à changer un enfant en un tyran, ne sont pas la faute de l'enfant.

Si rien n'est fait pour aider l'enfant à se réformer, soit le changement d'attitude coercitive des parents et de l'école, il fait face à une vie malheureuse au travail et, possiblement, à de la violence conjugale et à de l'abus de ses enfants à la maison. En outre, parmi les adultes, personne n'aime un tyran!

> *«Au milieu de la trentaine, 60% des personnes qui ont été des harceleurs dans les classes de 6ième à la 9ième année ont au moins une conviction pour crime... Ils sont aussi plus susceptibles de porter des armes que les non-agresseurs et peuvent développer un trouble de personnalité antisociale.»* (Traduit de l'anglais par l'auteur)

(Tweenparenting.about.com Parenting Tweens)

La chance que l'école assume quelque responsabilité que ce soit de ce problème grave, est à peu près nulle. Leur argument sera probablement qu'ils traitent tous les élèves de la même manière et que seulement quelques *brebis galeuses* se révèlent être des harceleurs. C'est vrai, mais cet argument, au mieux, n'est pas plus qu'une excuse boiteuse et un refus de remettre en question la façon d'utiliser la contrainte comme un fouet pour contrôler les élèves.

Beaucoup de parents me diront que c'est la faute de l'école exclusivement, mais je ne suis pas d'accord avec cette affirmation. Le système coercitif de l'école est sans aucun doute à blâmer, mais si la relation parent-enfant était en bonne santé, les parents auraient dû réagir dès que le problème a commencé. Leur réaction aurait dû être de parler, non pas *à* leur enfant, mais *avec* leur enfant et avec le principal de l'école et aussi avec un psychologue.

> *«Il y a un moyen subconscient de prendre la violence comme moyen d'expression, comme étant normal, et ça affecte beaucoup les jeunes dans la façon dont ils absorbent l'éducation et ce qu'ils espèrent retirer de la vie.» (Traduit de l'anglais par l'auteur)*
>
> Salma Hayek

Encore une fois, je ne suis pas psychiatre, mais voici ce que je pense. Donnez-moi 1000 enfants qui ont été inconditionnellement aimés et respectés, à la maison et à l'école, et je ne peux voir aucun harceleur émerger de ce scénario. Si par une mince chance, il y en a un ou quelques-uns, je vous recommande fortement de les faire tester pour la psychopathie par un psychologue. Sinon, je ne crois pas que vous allez en trouver. Mais assez tristement, les conditions de mon scénario--l'amour inconditionnel à la maison et à l'école-n'existent pas, dans 99% des cas.

«Les enfants ne sont pas nés pour être des tyrans, on leur apprend à être des tyrans.» (Emphase et traduction de l'anglais par l'auteur)

Matt Bomer

Ayant établi que les deux, l'agresseur et les victimes d'agressions sont victimes d'une attitude coercitive qu'ils n'avaient pas le choix d'endurer, il ne faut pas ajouter à la tourmente de l'agresseur en le traitant comme on traite un criminel. Il n'est pas un criminel,... du moins, pas encore! Mais un pourcentage élevé des agresseurs vont se retrouver avec un casier judiciaire si les parents ne réagissent pas à temps et de la bonne manière.

«Être un harceleur augmente également les chances de futurs démêlés avec la justice. Par la mi-vingtaine, les anciens harceleurs ont plus de violations de la circulation et quatre fois le taux de comportements criminels que leurs pairs, non-harceleurs.» (Traduit de l'anglais par l'auteur)

(tweenparenting.about.com)

L'intimidation a toujours existé. Nous la retrouvons à tous les niveaux de la société, y compris dans certaines familles, entre les parents, entre parents et enfants, entre frères et sœurs. Il n'est donc pas surprenant de la retrouver dans l'école. Par conséquent, c'est un bon endroit pour commencer à les exposer et leur faciliter une relation satisfaisante avec soi et avec les autres et, en ce faisant, développer une bonne estime de soi.

Mais cela peut seulement se produire si nous travaillons aussi à éliminer la contrainte à la source: dans leur famille et dans leur école. Je ne crois pas que les punitions ou les menaces aideront à résoudre un problème qui augmente de façon alarmante! Les punitions et les menaces ne feront seulement qu'aggraver le problème.

Dernièrement, nous entendons beaucoup parler d'une nouvelle forme d'intimidation qui n'existait pas quand la plupart d'entre nous étaient à l'école: le cyber harcèlement vicieux et implacable. Au lieu d'y être exposées seulement pendant les récréations et entre les cours les jours d'école, les victimes sont maintenant harcelées 24/7 sur le cyberespace. Les victimes n'ont pas de répit et ont nulle part où se cacher. C'est une situation alarmante!

Je crois que des lois strictes comportant des sanctions sévères seront adoptées pour tenter de mettre fin à cette nouvelle tendance. Personnellement je crois que *c'est une perte de temps et d'argent!* Oui, nous devons trouver ces tyrans,...*et les aider avant que certaines de leurs victimes se suicident suite au désespoir.* Ils ont tous deux besoin d'aide sérieuse si nous voulons qu'ils aient une chance d'avoir une vie normale et productive.

Voici un nouveau projet de loi tentant de s'occuper surtout du harcèlement. Jetons-y donc un coup d'œil.

> *«Cette Loi amenderait la Loi sur l'Éducation pour créer une semaine de sensibilisation au harcèlement dans les écoles et fournir des instructions sur les questions du harcèlement et faire face aux situations où le harcèlement se produit.»* (Traduit de l'anglais par l'auteur)

Yosie Saint-Cyr continue, en ajoutant une précision très importante de l'acte:

> *«...et si il ya une promesse de protéger et de conseiller les victimes et les auteurs, avec la menace de conséquences juridiques, nous devrions être mieux en mesure de faire face au harcèlement...»* (Traduit de l'anglais par l'auteur)

> *«...avec la menace de conséquences juridiques!»*

Il fallait sortir les gros canons! Comment pourrait-il en être autrement? Les gouvernements vivent de la coercition! Si, comme je le crois, la coercition à la maison et/ou à l'école crée les harceleurs, cela reviendrait à mettre du sel dans la plaie. Si la menace d'expulsion ne dissuade pas les harceleurs et qu'ils finissent par être expulsés, qu'arrivera-t-il de ces enfants alors?

Où vont-ils, que font-ils? Les parents veulent que leurs enfants aillent à l'école, ne serais-ce que pour l'avantage du parking des enfants hors du trafic... *Il n'y a rien que les tribunaux, l'école ou les parents peuvent faire qui permettra de résoudre le problème, sauf éliminer la source du problème: la coercition à l'école et/ou à la maison!*

Les harceleurs ne sont pas la cause du problème du harcèlement. Ils sont un échantillon des victimes de la coercition systémique, une catégorie de victimes qui ont choisi de réagir de cette façon en essayant de rester à flot émotionnellement. Au début du chapitre, j'avançais que nos gouvernements nous harcèlent de bien des façons différentes. Voyons voir ce que Wikipedia a à dire sur le problème du harcèlement et sur ses origines:

«La culture du harcèlement comprend les activités quotidiennes et la façon dont les gens sont en relation avec les autres. Une culture de harcèlement souligne une façon de penser en tant que gagnant/perdant. Elle encourage également la domination et l'agression.»
(Traduit de l'anglais par l'auteur)

Parsons

...une façon de penser en tant que gagnant/perdant.

Regardons-nous regarder une partie de hochey à la télévision au bar et examinons notre attitude de gagnant/perdant, et nous comprendrons ce à quoi monsieur Parsons fait allusion. Notre sport ressemble plus à de la guerre qu'à du sport. L'école pourrait aider dans ce domaine, mais elle ne le fait définitivement pas.

Il poursuit en disant que nous trouvons que le harcèlement sévit entre certains étudiants et d'autres étudiants, et entre certains harceleurs et certains enseignants. Certains enseignants harcèlent les autres enseignants et certains enseignants harcèlent les parents. Certains membres du personnel harcèlent des enseignants, des élèves et des parents.

Nous trouvons même certains parents qui harcèlent les principaux, les membres du personnel, les enseignants et leurs propres enfants. Je ne vois qu'une solution et il faudra un certain temps avant de voir des résultats tangibles. Certaines attitudes de certains parents avec leurs enfants devront changer. *L'esprit de l'enseignement devra changer.*

La première leçon à enseigner aux enfants devra être le respect de soi et des autres. Et pour rendre l'apprentissage de cette leçon possible, tout le monde aura à se joindre à l'effort de se respecter soi-même, de respecter les autres, et ces enfants, en tout temps. En ce faisant, les enfants apprendront à se respecter et à s'aimer. ***Après cela, tout est possible!***

Et autant la poursuite d'une telle transformation peut sembler difficile à accomplir, il n'y a pas de plus grande poursuite de la vérité que celle-là.

Quand nous atteindrons cet objectif, nous assisterons à l'épanouissement d'une véritable civilisation peut-être pour la première fois sur cette terre. Je suis conscient que pour certaines personnes, je vais passer pour un idéaliste et un rêveur et que la poursuite d'un tel objectif est une utopie. Mais rien n'est plus éloigné de la vérité que cela. *Nous avons éradiqué le cannibalisme, n'est-ce pas?*

Qu'il soit difficile de réaliser un tel changement dans le fondement de notre société et que cela puisse prendre quelques générations s'avère définitivement réaliste. Vous vous souvenez sûrement du titre du chapitre numéro 3: «*Élever des enfants: La job la plus difficile au monde!*» Personne n'a jamais dit que l'évolution de l'homme serait facile et rapide et que les résultats étaient garantis. Mais en travaillant ensemble vers un tel objectif, nous aidons les enfants et nous-mêmes à grandir en ce faisant. Et c'est là une grande partie de la raison pour laquelle nous sommes ici, sur cette terre, en premier lieu.

Une autre partie de l'équation du harcèlement est la victime ou le harcelé. Il fait partie du problème dans certains cas. Il est souvent une personne dont l'esprit a été brisé, souvent à la maison, et en quelque sorte, il s'attire de l'abus par son attitude négative laissant voir sa vulnérabilité. Et quand on le taquine, il ne réagit pas d'une manière appropriée. Il ne sait pas comment. Il a besoin d'aide avant qu'il ne se mette lui-même à harceler des enfants plus jeunes et plus petits que lui par une sorte de compensation réactionnaire.

Quant aux personnes qui pourraient l'aider, lui et le harceleur, espérons qu'ils verront clair dans la situation et *ne tenteront pas de mettre le harcèlement sous contrôle, **en harcelant les harceleurs***! La situation s'améliorera avec le temps, mais d'abord, on devra prendre en main l'inertie socioculturelle si l'on veut réaliser un changement quelconque dans nos institutions. Il y aurait beaucoup plus à dire sur le harcèlement. Tout un livre ne suffirait pas à couvrir le sujet complètement.

Dans le prochain chapitre, je parlerai des pauvres étudiants déprimés par le harcèlement et qui, en désespoir de cause, en arrivent à contempler ou choisir le suicide.

20

L'agonie du suicide.

*«Quand les gens sont suicidaires, leur faculté
de penser est paralysée, leurs options apparaissent
minces ou inexistantes, leur humeur est au désespoir,
et le désespoir imprègne tout leur domaine mental...
et le présent est douloureux au-delà du réconfort.»*
(Traduit de l'anglais par l'auteur)

Kay Redfield Jamison, *La nuit tombe rapidement: Comprendre le suicide.*

Je m'abstiendrai d'essayer de parler du suicide dans un jargon de psychiatre. Étant bipolaire moi-même et ayant été suicidaire pendant de longues périodes dans ma vie, je comprends et je sympathise avec les victimes du harcèlement qui considèrent-ou commettent le suicide. Pour être aussi réaliste que possible, je vais utiliser mon expérience personnelle avec les idées suicidaires.

*«Jusqu'à ce que vous ayez eu une dépression,
je ne pense pas que vous soyez qualifiés pour en
parler.»* (Traduit de l'anglais par l'auteur)

Geoffrey Boycott

La personne harcelée, est en très grand danger de se retrouver déprimée ou suicidaire ou les deux. Il est très difficile, même pour un adulte, de trouver un sens à la vie quand on est déprimé. C'est impossible pour un enfant. La dépression enlève à la personne sa joie de vivre, son énergie, son appétit pour tout, y compris la nourriture. À ce moment-là, l'espoir a disparu et quand l'espoir disparaît, nous éprouvons tous le même sentiment: nous ne voulons plus être en vie.

Nous voulons cesser d'avoir mal, mais la douleur est dans les pensées *et les pensées font mal, terriblement mal!* Et on ne peut arrêter le flux des pensées. Dormir, dans beaucoup de cas, devient une panacée séduisante. Si nous n'allons pas chercher de l'aide, aide de médicaments, ou autres, nous sommes sérieusement en danger.

Accompagnant ces pensées qui font mal, ces pensées de torture, il ya une nouvelle pensée qui a emménagé dans notre esprit: le désire de ne pas être en vie! Vouloir ne pas être en vie et vouloir se tuer sont deux choses différentes, du moins au début. Pour certains, la possibilité de se tuer est comme une sorte de porte de sortie, une façon de sortir du cauchemar, une fin à la torture. Mais la pensée de se donner la mort est aussi une pensée très effrayante.

> *«Il est souvent difficile pour ceux qui ont eu la chance de n'avoir jamais connu ce qu'est la vraie dépression de s'imaginer ce qu'est une vie de désespoir total, et le vide et la peur.»*,(Traduit de l'anglais par l'auteur)

> Susan Polis Schutz

Enfin, lorsque vous rencontrez une personne déprimée, surtout un enfant, s'il vous plaît, ayez de l'empathie pour eux. Leur souffrance est indescriptible. De leur dire comment sortir de leur dépression ne fera que corroborer le fait que vous ne comprenez pas. Un mot d'encouragement et de compréhension est tout ce qu'on peut faire pour eux. *Ils ont besoin d'amour; pas de conseils...*

J'ai écrit un poème pour vous sur les idées fixes suicidaires exprimant mes sentiments face à une attraction aussi effrayante...

L'Appel de l'Au-delà

«Juste une idée, une pensée forte et tenace
Je vous visite souvent, quoique de façon sporadique,
Je traîne et reste, bien trop longtemps, et très souvent,
Je vous fais peur à la mort, radicalement.

Je suis le chauffeur de Mort, Roi, Hôte suprême,
J'ai un vaste public, tout le monde me connaît.
Même la peur de moi, et de tout ce qui m'entoure,
Vous semble une menace, mystère qui paralyse.

Si je viens vous visiter, lorsque vous appelez la mort,
Je viens pour être utile, mettre fin à votre misère.
Vous êtes toujours inquiet, de la dette éternelle,
Pesez les avantages et les inconvénients pour vous.

Vous êtes vraiment tenté, soupesez ma solution,
Vous sentez attiré, et bien souvent fasciné
Par l'efficacité de ma résolution,
Le spectre de la mort vous laisse aliéné.

Rien chez mon Maître ne compare à cette torture,
Cette charge est trop lourde, il faut vous l'alléger
Venez avec moi, je vous promets le repos,
Finies la torture des pensées et la douleur.

Mais n'y pensez pas trop, décidez maintenant,
Il n'y a aucun espoir de soulagement, il faut essayer quelque chose.
Il vous faut faire vite, je sais où, je sais comment,
Cessez de réfléchir et de vous tourmenter.

La dépression vous torture, l'avenir se referme sur vous,
Personne ne peut vous aider, vous ne valez rien de toute façon,
Personne ne vous manquera, comme les épines du rosier,
Vous n'êtes rien, vous êtes un monstre, choisissez le moment,
choisissez la voie!

Ces pilules sur votre table, prises en quantité,
Mettraient fin à la douleur, sans bruit ni trompette,
Vous pouvez le faire dès maintenant, pour votre propre inimitié,
Faites-le, faites-le maintenant, inutile de suer ou de penser,

Alors vous traverserez la porte et entrerez dans la béatitude,
Où la douleur, la souffrance et la tristesse ne font plus de sens.
Venez avec moi, je suis votre ami, vous ne manquerez de rien!
Soyez heureux maintenant, pour toujours, toujours, toujours... »

o-o-o-o-o-
La fin, the end, Al final, Ende, O final. Salut, Goodbye, Adios,
Salute, Abschield, Aurevoir, Arrivederci, Farewell... Rest in Peace,
amigo!

Mlle Sue(pour Suicide)
Roméo Gauvreau, composé en anglais le quatre de février
2013 et traduit de l'anglais par l'auteur, le 6 mars 2014

21

«Il me toucha et me guérit.»

«Nous avons besoin de 4 étreintes par jour pour survivre. Nous avons besoin de 8 étreintes par jour pour nous maintenir. Nous avons besoin de 12 étreintes par jour pour la croissance.» (Traduit de l'anglais par l'auteur)

Virginia Satir

Il y a environ un an, aux nouvelles, on nous faisait part d'une mesure qu'une commission scolaire avait mise en place à la suite d'un présumé cas d'abus sexuel contre un de leurs enseignants. Et pour prévenir qu'une telle chose se reproduise, ils avaient mis une nouvelle règle en place stipulant que les enseignants n'étaient plus autorisés à toucher un élève, même pour donner une étreinte.

Si je me souviens bien, même les enfants dans la cour de l'école n'étaient plus autorisés à se toucher l'un l'autre. Je commence vraiment à croire que pour occuper un poste de membre d'une Commission scolaire, ça aide d'être étroit d'esprit. C'est épouvantable de trouver certaines personnes dans des rôles d'autorité qui arrivent avec des idées aussi drastiques! Qui sont ces personnes? De quelle planète viennent-elles? Qui étaient les malades autour de la table de cette commission scolaire qui étaient d'accord avec- et qui ont voté pour- de telles mesures exagérées?

Si vous recherchez sur Google: «*Enseignez, mais ne touchez pas*», vous en trouverez plus sur le sujet: «*Conseils pratiques pour les employés de l'école pour éviter les fausses allégations de conduite indécente avec les élèves.*» Tout le monde connaît la chanson gospel d'Elvis Presley: *Il m'a touché et m'a guéri. (He touched me and made me whole.)* C'est l'une des chansons prisées de sa carrière.

Virginia Satir souligne l'importance d'être touché, dans sa citation nous disant avoir besoin de 4, 8, et 12 étreintes par jour pour la survie, le maintien et la croissance. Ça semble exagéré à prime abord et je ne connais personne recevant assez d'étreintes (12) pour la croissance.

La plupart des gens, je crois, grandissent encore émotionnellement, intellectuellement et spirituellement, à différents degrés. Serait-il possible de se développer beaucoup plus rapidement et atteindre un degré plus élevé d'actualisation de soi si nous recevions nos 12 étreintes par jour ou presque?

Je ne connais pas la réponse à cette question, mais je sais une chose. Lorsque nous étreignons quelqu'un, nous donnons à cette personne un message très important. Ce message est multiple. Il dit, ou devrait dire: «*Je veux que vous sachiez que je veux me connecter à vous, et faire un avec vous. Je veux que vous sachiez que je vous aime.*» Ça, pour moi, c'est la signification d'une étreinte, et dans la plupart des cas, c'est le message que l'on transmet.

La plupart des gens normaux donnent, accueillent et bénéficient d'une étreinte C'est un geste beaucoup plus personnel et remplis d'émotions qu'une poignée de main. En ce sens, c'est un rituel spirituel qui peut à la fois transmettre la guérison au donneur et au récipiendaire. C'est un peu comme de se tenir par la main. Au lieu, c'est de se tenir par le cœur. Qui va m'expliquer pourquoi nous devrions décourager un si beau geste?

Et, au lieu d'en quelque sorte établir un lien entre cela et un comportement sexuel déviant, ne devrions-nous pas, à la place, étreindre nos élèves plus souvent, quand l'occasion est propice de le faire? Bien sûr, ça doit être désiré mutuellement. Nous ne pouvons pas donner une étreinte de force à quelqu'un qui ne se sent pas à l'aise avec ce geste ou avec nous!

«La thérapie par l'étreinte est certainement un moyen puissant de guérison. La recherche montre que l'étreinte (et aussi le rire) est extrêmement efficace pour la guérison de la maladie, de la solitude, de la dépression, de l'anxiété et du stress.» (Traduit de l'anglais par l'auteur)

Marcus Julian Felicetti

M. Felicetti énumère dix façons dont l'étreinte nous bénéficie et dont je reproduis la première et la dernière ici.

Voici donc la première:

«Le contact nourricier d'une étreinte renforce la confiance et donne un sentiment de sécurité. Cela permet une communication ouverte et honnête.» (Traduit de l'anglais par l'auteur)

Un des outils les plus importants pour atteindre le bonheur, c'est d'être capable de se connecter avec la nature et les gens avec lesquels nous vivons. Et, afin de se connecter, nous devons être en mesure d'établir *«une communication ouverte et honnête.»* Considérant le caractère essentiel de l'estime de soi pour le voyage de la vie, nous devons être d'accord avec la dernière des dix façons dont l'étreinte nous bénéficie en stimulant l'estime de soi:

«...les touchers des membres de notre famille nous montrent que nous sommes aimés et spéciaux....les sensations tactiles de nos premières années sont encore ancrées dans notre système nerveux lorsque nous sommes devenus adultes.» (Traduit de l'anglais par l'auteur)

Marcus Julian Felicetti

Que les étreintes *«nous relient à notre capacité d'amour de soi,»* n'est-ce pas là la partie la plus importante de la réalisation de soi? Si nous avons l'amour de soi, c'est parce que nous avons déjà acquis la confiance en soi, l'estime de soi, et le respect de soi. N'est-ce pas là toute l'idée derrière l'éducation? Pour quelle autre raison voulons-nous obtenir une éducation?

22

L'Éducation Holistique

«L'éducation dans une perspective holistique se préoccupe du développement du potentiel intellectuel, émotionnel, social, physique, artistique, créatif et spirituel de chaque personne.» (Traduit de l'anglais par l'auteur) (Wikipedia)

Quand j'enseignais encore, il y avait des gens fanatiques des sujets académiques qui auraient aimé voir l'éducation physique disparaître du programme. Pour eux, c'était une perte de temps précieux qui aurait dû être utilisé pour étudier, à la place. Ce qu'ils ne réalisaient pas, c'est que l'éducation physique a peut-être été nommée de façon erronée et que c'est plutôt une partie intégrale d'une éducation holistique.

Ce qui distingue l'éducation holistique «...des autres formes d'éducation sont ses objectifs, son attention à l'apprentissage par l'expérience, et l'importance qu'elle accorde aux relations et aux valeurs humaines primaires au sein de l'environnement d'apprentissage.» (Traduit de l'anglais par l'auteur)

Robin Ann Ma

Il y a beaucoup plus à l'éducation physique que ce qui semble apparent. Lorsque vous exécutez une prouesse de gymnastique, vous utilisez plus que les muscles de votre corps. Chaque fois que vous utilisez vos muscles volontaires, vous utilisez aussi beaucoup de vos facultés mentales. Et dans aucun ordre particulier, vous utilisez votre pouvoir de volonté, votre créativité, votre agilité, la perception de l'emplacement de votre corps dans le temps et dans l'espace, votre estimation de la peur du danger par rapport au risque réel de l'exercice, et à travers tout cela, la confiance en soi et la conquête des doutes de soi pour atteindre un barreau de plus dans la roue de l'actualisation de soi.

Pour exceller dans la gymnastique ou dans les sports, vous devez développer la confiance en soi, pour gérer vos peurs, pour apprendre une meilleure coordination des mouvements, pour développer/augmenter les aptitudes au travail d'équipe et la force de caractère. Vous devez apprendre que ce qui fait les gagnants d'une rencontre, ce n'est pas le score final du match, mais, votre esprit d'équipe et la façon dont vous avez joué cette partie, et le plaisir que vous en avez retiré.

Toute autre attitude n'est qu'une partie perdue. Pour moi, si vous êtes un bon sportif et vraiment bon en travail d'équipe, vous avez une grande chance, d'abord, d'être couronné de succès quand vous arriverez sur le marché du travail, et, plus important encore, de réussir dans vos interactions avec les gens qui font partie intégrante de votre vie personnelle et professionnelle.

Maintenant, je vais établir une relation entre l'éducation physique et un problème de santé sérieux. Et je ne voudrais pas que cela fasse ombrage à l'importance de ce que je viens de dire sur les avantages de l'éducation physique. Je crois que l'éducation physique est de plus en plus reconnue comme étant importante, depuis que nous avons pris conscience de la crise de l'embonpoint/obésité dans la population en général et chez les enfants d'âge scolaire en particulier. Au cours des 30 dernières années, notre problème d'embonpoint dans la population a monté en flèche.

En 1979, *«selon La Source prévention obésité:*
14 pour cent des adultes canadiens étaient obèses.
En 2008, 25 pour cent des adultes étaient obèses,

et 62 pour cent faisaient de l'embonpoint ou étaient obèses.» (Traduit de l'anglais par l'auteur)

(www.hsph.harvard.edu)

Parmi nos enfants d'âge scolaire, les chiffres sont à peu près la moitié des nombres observés chez les adultes, mais la situation reste alarmante. Ajoutez cela au nouveau mode de vie sédentaire des enfants, l'accès à la malbouffe à presque tous les coins de rue, quand ce n'est pas dans les machines distributrices de l'école même! Ajoutez-y les frustrations d'un système scolaire coercitif qui les abuse et les ennuie à la mort et vous aurez une bonne idée de l'amplitude du problème. Ce problème à facettes multiples, je crois, ne sera pas résolu facilement ou du jour au lendemain.

Et la dernière chose que nous devrions faire serait de commencer à blâmer les parents ou pire encore, les enfants.

Utilisant les normes de mesures de l'Organisation mondiale de la Santé, *« 31,5 pour cent des cinq à 17 ans, environ 1,6 millions de Canadiens, ont été classés comme faisant de l'embonpoint (19.8 pour cent) ou sont obèses, (11.7 pour cent) de 2009 à 2011.»* (Traduit de l'anglais par l'auteur)

(Www.cbc.ca/m/touch/health/story/1.1154456)

Personnellement, je crois que beaucoup de nos enfants sont terriblement mécontents et frustrés avec l'école et par extension, avec leur vie. Le programme est de moins en moins pertinent à leur nouveau mode de vie et l'enseignement est de plus en plus ennuyant, donc, de plus en plus stressant. Les enseignants ne peuvent pas concurrencer ou se mesurer à la gadgeterie électronique. Ce type de système scolaire était vicié depuis le début et je crois fermement qu'il ne survivra pas un autre 10 ans.

Naturellement, ayant une bonne nutrition à la maison autant que possible est un pas dans la bonne direction, pour les enfants et les adultes. Non seulement c'est une alimentation plus nutritive et moins engraissante, mais, en même temps, elle éduque les enfants sur la façon de manger plus sainement. Cependant, nous ne voyons que la pointe de l'iceberg! Ça va seulement empirer, car ça devient de plus en plus compliqué d'identifier la nourriture comestible.

L'expression *malbouffe*, que nous utilisons pour étiqueter la nourriture «fast food», est désormais applicable à une grande partie de nos achats d'épicerie. Une famille avec une bonne alimentation est une chose qui n'existe pratiquement plus. Certaines en ont une meilleure que d'autres, mais presqu'aucune n'a une bonne alimentation. Vous avez bel et bien lu! Je répète:

Une famille avec une bonne alimentation est une chose qui n'existe pratiquement plus.

Comment puis-je dire une telle chose? Ça m'attriste de dire que c'est la vérité. Il y a maintenant un phénomène nouveau au Canada, en provenance essentiellement des États-Unis, qui multiplie la complexité du problème par dix! La source de ce problème est multiple et très complexe. Vous en avez probablement entendu parler. Ça s'appelle des OGMs, ou les *«organismes génétiquement modifiés.»*

Au cours des 20 dernières années, ce monstre a ajouté une nouvelle dimension au problème déjà compliqué concernant une bonne nutrition. Les aliments génétiquement modifiés sont à l'origine de changements dans l'ADN humain, avec des conséquences dont nous n'avons pas la moindre idée, autre qu'ils nous rendent gras ou obèses.

«Les aliments génétiquement modifiés sont des aliments produits à partir d'organismes qui ont eu des changements spécifiques introduits dans leur ADN en utilisant les méthodes du génie génétique.» (Traduit de l'anglais par l'auteur)

Wikipedia

À cela, ajoutez le problème de la transformation des aliments, les produits améliorant la nourriture et la préservation par des additifs, ainsi que les engrais et les pesticides qui affectent tout ce que nous mangeons de plusieurs façons dont nous ne sommes pas au courant, la plupart du temps. Maintenant, si nous pensions que le traitement et l'adultération de la nourriture étaient mauvais, que devons-nous penser de la menace de ces OGMs?

Et après que nous ayons été mis au courant de cela, nous restons ignorants de quelle nourriture a été ainsi désacrée! L'un des résultats finals très complexes de cette manipulation sans scrupules ou de la falsification de notre nourriture s'appelle des obesegènes.

Il s'agit de composés chimiques étrangèrs,*«Qui perturbent le développement normal et l'équilibre du métabolisme lipidique, ce qui, dans certains cas, peut conduire à l'obésité.... ils perturbent l'équilibre de l'énergie ou modifient la régulation de l'appétit et de la satiété.»* (Traduit de l'anglais par l'auteur)

(Wikipedia)

Que ces aliments font engraisser est maintenant une vérité acceptée. Mais savons-nous quelles seront les répercussions ou les retombées à long terme de ces aliments bioniques sur le corps de nos enfants encore dans le processus de croissance? Sommes-nous déjà génétiquement modifiés ou allons-nous le devenir?

Ça commencé il y a moins de 20 ans et déjà nous voyons un changement radical dans l'embonpoint de la population et dans l'espérance de vie. À quoi cela ressemblera t'il dans un autre 20 ans? Si nous nous retrouvons de plus en plus génétiquement modifiés, allons-nous devenir des extra-terrestres à vie courte ou une sorte de Frankensteins???

Parce que la nourriture est de plus en plus engraissante et les restaurants fast-food sont de plus en plus prisés par la majorité de la population et sont plus accessibles pour les enfants, ça rend le problème dix fois plus compliqué.

Les écoles de Toronto vont examiner le problème de l'obésité chez les élèves: **«...*uniquement pour la collection de données. La participation est volontaire et les étudiants trouveront leur IMC (index de la masse du corps) seulement s'ils le demandent, et aucunes lettres ne seront envoyées aux parents.*»** (Traduit de l'anglais par l'auteur) Page web)

Je comprends que c'est une situation alarmante et que nous devons l'examiner diligemment. *Je comprends!* Mais *je crois préférable de faire de l'embonpoint et être heureux que d'être maigre avec une faible estime de soi.* Donc, nous devons être extrêmement prudents pour ne pas mener une attaque destructrice de l'estime de soi de l'enfant, ce qui ne ferait que servir d'accélérateur à cette épidémie qui englobe déjà une grande partie du corps étudiant (sans jeu de mots.)

En outre, les cyber-harceleurs n'ont pas besoin de plus de munitions que ce qu'ils ont déjà. Etre appelé/e «gros lard» ou «baleine» peut être l'équivalent d'une condamnation à mort, comme nous l'avons vu dans le chapitre sur l'intimidation et le cyber-harcèlement.

D'autre part, je suis très déçu de voir que nous pourrions encore être dans l'obscurité si nous croyons que les aliments faibles en nutriments et les aliments riches en sucre sont au sommet de la liste dans le problème de l'ennemi qu'on appelle l'embonpoint/obésité qui possède des armes de destruction massive que nous connaissons très peu.

C'est beaucoup plus complexe et technique que nous le soupçonnons. Bientôt, afin d'être en mesure de faire l'épicerie pour la famille et de ramener de la nourriture saine et comestible, on aura besoin d'un diplôme en botanique, en médecine légale, en chimie, en biologie et dans d'autres sciences qui n'existent peut-être pas encore...

Nos voisins du Sud, les Américains, ont pris des mesures que je qualifierais de ségrégationnistes, quand, en faisant face à ce grave problème de la société, ils ont isolé les enfants tandis que le pourcentage des personnes faisant de l'embonpoint/obésité est deux fois plus élevé chez les adultes que chez les enfants d'âge scolaire.

> *«Aux États-Unis, des études de l'IMC dans 21 Etats ont envoyé aux parents, à la maison, des lettres familièrement appelées «lettres grasses» leur disant que leur enfant souffre d'embonpoint ou d'obésité.»*
> (Traduit de l'anglais par l'auteur)

(MarcMontgomery, english@rcinet.ca)

Et pour essayer timidement de justifier leur conduite manipulatrice, ils rétorquèrent qu'à la suite des lettres, beaucoup avaient fait quelques changements dans leurs habitudes alimentaires, comme si c'était justifiable d'avoir humilié *tous* les enfants, si ça en avait aidé plusieurs d'entre eux!

Il n'y a probablement pas de meilleur endroit que l'école pour commencer à informer la prochaine génération sur les risques de l'alimentation. Mais, sérieusement, est-ce seulement une question d'éducation? Personnellement, je suis en faveur d'offrir aux étudiants la possibilité d'en apprendre autant que possible sur les différents aliments et leur valeur nutritive.

Je suis également en faveur de les informer sur la façon dont certains aliments contribuent à nous rendre gras. Je suis en faveur de les informer des risques pour la santé de faire de l'embonpoint ou de l'obésité. Je suis même en faveur de donner plus d'importance à l'éducation nutritionnelle à l'école que jamais auparavant.

Mais, si nous ne trouvons pas une façon intelligente et humaine de le faire sans que personne ne se sente humilié ou montré du doigt, nous rendons le problème dix fois pire! Ils mangeront probablement plus de malbouffe de façon compensatrice, pour se consoler!

Maintenant, supposons que nous trouvions un moyen de créer un tel programme. Au risque de passer pour un alarmiste, voici ce que je pense. Nous pouvons apprendre tout ce qu'il y a à savoir sur l'alimentation et la nutrition, mais je ne pense pas que cela fera une grande différence. Ça nous ferait peut-être changer nos choix de certains aliments, mais cela ne changerait pas la nature des aliments disponibles

Pour le moment, en 2014, je ne suis pas sûr que la personne la plus instruite sur la nourriture et son altération puisse aller dans n'importe quelle épicerie et trouver $ 20,00 de nourriture correcte. Pourquoi? Parce que, selon certains estimés, il y aurait autant que 30 000 organismes génétiquement modifiés sur les tablettes d'épicerie aux États-Unis. Habituellement, le Canada n'est pas loin derrière. J'espère sincèrement avoir tort au sujet du Canada.

Et selon Jill Ettinger dans *Tout ce que vous devez absolument savoir sur les OGMs*:

> *«...les questions de santé liées à l'alimentation sont à la hausse, et les OGMs pourraient jouer un rôle crucial dans la création de dommages irréversibles à la fois à notre espèce et à notre planète.»* (Traduit de l'anglais par l'auteur)

Permettez-moi de répéter: *«Les OGMs pourraient jouer un rôle crucial dans la création de **dommages irréversibles, à la fois à notre espèce et à notre planète.**»*

Si les étudiants avaient le choix entre apprendre quelle est la population de Titicaca, en géographie, et quelle nourriture cause des dommages irréversibles à la foi à notre espèce *et à notre planète* que choisiraient-ils? Si par hasard 10% choisissaient le bidule Titicaca, notre futur est en danger!

Ce sont des allégations extrêmement alarmantes! Est-ce seulement moi, ou est-ce que c'est effrayant? Serait-ce vrai? Des efforts visant à adopter une loi obligeant les entreprises alimentaires à étiqueter les produits alimentaires génétiquement modifiés n'ont pas encore porté fruits. Non seulement il n'existe pas de loi aux États-Unis pour arrêter ce qui se passe, les géants de l'alimentation comme Monsanto, Dupont, Pepsi, Coca-Cola et Nestlé essaient très fortement d'empêcher que de telles lois ne soient jamais passées.

En plus d'investir beaucoup d'argent pour lutter contre ces lois, ils répandent beaucoup de fausses informations. Beaucoup de scientifiques et d'organismes de santé importants

«...ont déclaré les OGMs être sans danger pour la consommation, y compris l'Organisation Mondiale de la Santé, l'Académie Nationale des Sciences des États-Unis et l' Association Médicale Américaine.»
(Traduit de l'anglais par l'auteur)

James Andrews, nouvelles de la sécurité alimentaire.

Est-ce que je lis bien: *L'Organisation mondiale de la santé et l'Association Médicale Américaine ont déclaré que les OGMs sont sans danger pour la consommation?* Vraiment? Soit que Jill Ettinger, ne sait pas de quoi elle parle, ou, Monsanto et compagnie *ne disent pas la vérité, toute la vérité et rien que la vérité...!*

«Tragique» commence à peine à décrire la nature de la menace! *C'est plutôt comme potentiellement cataclysmique!* Si nos gouvernements n'empêchent pas les entreprises agroalimentaires –pour ne pas dire **le monopole de la nourriture-...** d'employer des méthodes extrêmement dangereuses pour nous engraisser et engraisser leurs profits, **je crois que nous sommes une espèce en voie de disparition**! Peut-être pas moi, je m'en vais sur 76 ans,...mais mes enfants, vos enfants et leurs enfants...

Rappelons-nous que la grande majorité du maïs et du soja produit aux États-Unis est génétiquement modifié. Aussi, le soja et le maïs sont utilisés dans beaucoup d'aliments transformés comme remplissage parce que c'est probablement moins cher que la nourriture qu'ils remplacent. Le soja et le maïs deviennent la substance magique qui remplace les produits alimentaires réels. Cette notion est importante pour comprendre les implications de la citation suivante.

Tout le monde connaît ou prend de la vitamine C (acide ascorbique) qui... «*est souvent fabriquée à*

partir de maïs, de la vitamine E qui est généralement fabriquée à partir de soja. Les vitamines A, B2, B6, et B12 peuvent être fabriquées à partir d'OGM ainsi que la vitamine D et la vitamine K qui peuvent avoir des «transporteurs» provenant de sources de maïs GM...»
(Traduit de l'anglais par l'auteur)

Mavis Butcher, Sous Catégorie: Bien-être et Nutrition

Ils ne reculeront devant rien pour augmenter leurs profits, semble t'il! C'est un fait que nos enfants sont beaucoup moins actifs qu'ils ne l'étaient, disons, il y a 20 ans. Et la raison principale est l'avènement des gadgets électroniques qu'ils transportent et utilisent constamment quand ils en ont la chance. Soit qu'ils regardent la télévision, jouent des jeux sur l'ordinateur, écoutent leur musique avec leurs écouteurs, envoient des messages textes, ou jasent avec un/une ami/e sur leur cellulaire.

En dépit du fait que je ne crois pas qu'aucun montant d'éducation physique pourrait résoudre complètement leur problème d'embonpoint/obésité, je suis toujours en faveur de leur offrir l'occasion de prendre beaucoup d'éducation physique. Mais ça devra être rendu intéressant et amusant et surtout ne pas être une corvée ou une punition pour leur embonpoint. Les sports et la gymnastique pourraient apporter une certaine normalité et une certaine éducation précieuse dans leur vie d'étudiant.

23

Éducation Physique

«Les cinq piliers de l'entraînement sportif sont:
l'endurance, la vitesse, la force, l'habileté et l'esprit,
mais le plus important d'entre eux c'est l'esprit.»
(Traduit de l'anglais par l'auteur)

Ken Doherty

En Septembre 1969, j'ai eu la chance et le plaisir d'enseigner dans une école toute neuve, avec une architecture très moderne, avec des installations d'éducation physique, une première pour l'ensemble de la péninsule gaspésienne, très probablement. En ce qui me concernait, un grand gymnase et deux grandes salles de ballon-panier et ballon-volant combinées. C'était un vrai régal pour moi. Je n'avais jamais rien vu de pareil! Nous étions passés d'une VW à une Cadillac!

Comme vous pouvez l'imaginer, j'étais très heureux de revenir à l'enseignement dans une école neuve aussi belle, et dans une nouvelle discipline. Après quelques mois d'enseignement de toutes les différentes activités et sports,- nous étions quatre professeurs d'éducation physique,-nous nous sommes entendus sur une stratégie: chacun d'entre nous prendrait une discipline et l'enseignerait pour le reste de l'année.

J'étais le seul à ne pas avoir de degré en éducation physique. Je me suis ramassé avec la gymnastique. J'en étais très heureux! J'ai toujours aimé la gymnastique et j'en avais fait passablement durant mes années passées au séminaire. J'étais loin d'être une gymnaste accompli, mais je comprenais suffisamment le sujet pour l'enseigner, et cela, de façon sécuritaire.

L'un des premiers problèmes à se poser furent les douches en commun pour les garçons. Ils n'y avaient jamais été exposés, et même, certains parents s'y objectaient. Ils pensaient que c'était immoral ou quelque chose comme ça! Les douches des filles, d'autre part, étaient des cellules adjacentes à un vestiaire où elles pouvaient se déshabiller. Elles pouvaient y arriver sans être nues devant les autres.

Les garçons, d'un autre côté, devaient prendre leur douche tous nus en présence de leurs compagnons de classe. Ça créait des problèmes avec certains élèves plus gênés que les autres. Je me souviens qu'un jour, Régis, un des profs d'éducation physique, avait essayé de calmer leur appréhension en ces termes:

«Les gars! Ne vous inquiétez pas! Entre la plus longue et la plus courte, il y a rarement plus d'un pied de différence...»

Je pense que c'était une bien bonne blague! Finalement, la nouveauté s'est estompée et les choses se tassèrent. J'avais des classes de filles seulement, des classes de garçons seulement et des classes mixtes. Ces classes mixtes pouvaient parfois créer des situations dangereuses quand certains garçons tentaient d'impressionner les filles, pas toujours d'une manière intelligente...

Nous utilisions une boîte en bois avec dessus rembourré qu'on appelait un cheval allemand. C'a faisait environ 4 pieds de haut par quatre pieds de long. Devant le cheval allemand, il y avait un tremplin placé à une distance choisie et calculée. L'étudiant se plaçait à environ 20 pieds du tremplin, courait, sautait sur le tremplin, gagnait une certaine altitude, mettait ses mains sur le dessus bourré du cheval allemand, faisait une pirouette et atterrissait sur ses pieds sur le tapis bourré.

Un jour, comme d'habitude pour cet exercice, je me tenais près du cheval allemand, à une de ses extrémités. Le prochain étudiant en ligne était une fille. Elle commença à courir, sauta sur le tremplin, et alors qu'elle était dans l'air, la tête en bas, un des garçons attrapa le bout du cheval allemand et fit semblant de le tirer de dessous elle. Distraite et effrayée par ce geste et craignant d'atterrir sur la tête sur le plancher plutôt que sur ses mains sur le cheval allemand, elle avorta sa manœuvre et atterrit sur le dos sur le dessus du cheval allemand.

Ma job était de la protéger et de l'aider si elle avait besoin d'aide. Ça s'était passé très vite et je l'avais attrapée à la dernière seconde. Mais pour attraper une personne d'environ 125 livres, à bout de bras... c'est très lourd. J'avais ralenti sa chute autant que je le pouvais, mais elle s'était quand même fait mal au dos. Je jasai un peu avec elle pour qu'elle puisse me décrire sa douleur. Je décidai alors qu'il n'y avait aucune chance à prendre. Je fis part au principal que je devais conduire une de mes élèves à l'hôpital qui se trouvait à environ 8 miles de l'école. Je l'aidai à marcher jusqu'à ma voiture et je la conduisis à l'hôpital. En quelques minutes, un médecin était disponible et après examen, il conclut qu'elle n'avait rien de cassé ou de déplacé. Il lui dit ce qu'il fallait faire pour la douleur et nous sommes retournés à l'école. Ça aurait pu être très grave. Elle aurait pu se briser le dos. Après une semaine ou deux, elle était correcte, Dieu merci!

Maintenant, qu'est-ce que vous faites ou dites au garçon de 16 ans qui a posé un tel geste de fou dangereux pour cette fille? J'aurais pu l'envoyer chez le principal, comme la plupart des enseignants auraient fait. Je ne l'ai pas fait. En six ans, je n'ai jamais envoyé un élève chez le principal.

Les problèmes surgissant dans ma classe se réglaient dans ma classe. De cette façon, il avait pu voir la douleur sur le visage de son amie, il a vu la réprobation sur le visage des autres filles qu'il tentait d'impressionner, et il a vu la déception et la tristesse dans mon regard...

De cette façon, au lieu de le retirer de la situation qu'il avait créée, il a dû supporter les regards des autres élèves et à en subir les conséquences... et apprendre en ce faisant.

Nous faisons tous des choses stupides à l'occasion, et les pires sont celles dont nous n'apprenons pas. Pour moi, c'est plus important que de savoir que Christophe Colomb a découvert l'Amérique...*ce qui n'est pas vrai de toute façon!*

Cet étudiant s'est sûrement rendu compte qu'il avait fait quelque chose de très dangereux, et il ne le ferait plus, à moins d'être cruel ou fou, dans quel cas, je ne le laisserais plus participer à la gymnastique et je recommanderais à la direction qu'il voit un psychologue ou un psychiatre.

Pour moi, qu'un garçon fasse quelque chose du genre ne signifie pas qu'il est stupide. Cela signifie qu'il a une faible estime de soi, qu'il veut fortement attirer l'attention, dans son cas, attirer l'attention des filles.

Il n'a sans doute pas appris à établir des relations avec les autres de façon satisfaisante, et par conséquent, encore moins avec les filles. Il a probablement un problème à se connecter avec les autres, puisque sa relation à lui-même est pour le moins boiteuse. Et ce dont il a besoin, ce n'est pas de la littérature ou de l'histoire ou de la géographie.

Ce dont il a besoin, n'est certainement pas de la coercition! Au lieu de cela, il a besoin de soutien et de conseil psychologique pour l'aider avec ses relations interpersonnelles si on veut qu'il ait une chance à une vie normale. Autrement, il fait face à un avenir très incertain. L'école n'a sans doute pas créé son problème en premier lieu, mais elle ne fait rien pour l'aider à le surmonter!

Une chose est certaine, son truc dangereux n'a pas aidé à la situation des filles qui avaient déjà peur de ces exercices. Les filles de cette région, n'avaient jamais été exposées à ce genre d'activités.

Elles avaient peur de se blesser. Il y avait une autre chose, je crois, dont elles avaient peur. Ayant été élevées de façon prude, ce qui faisait partie de leur développement socioculturel et de leur éducation religieuse, elles se sentaient exposées ou indécentes, en faisant des pirouettes en Léotard, en particulier devant des garçons. Je crois que la plupart des enseignants auraient employé la contrainte pour les forcer à s'engager dans la gymnastique comme tout le monde. Je ne crois pas à la coercition; à l'école, au travail ou dans la société, surtout pas dans l'éducation des enfants.

Il y en aurait eu jusqu'à 7-8 d'entre elles, à un moment donné, alignées contre le mur, en talons hauts et tenant leur sacoche: «*Elles avaient leurs règles*», semaines après semaines, chaque semaine! Je n'avais pas de doctorat en gynécologie, mais je vivais avec une femme depuis huit ans...

Je faisais face à un dilemme. Je savais que leur excuse d'avoir leurs périodes n'était qu'une excuse. Et elles savaient que je savais. Je choisis donc de les gagner, une par une, par le degré de sécurité dans les exercices que je les invitais à essayer, et elles pouvaient voir que j'étais extrêmement vigilant pour éviter que personne ne soit blessé pendant l'exécution de leurs culbutes et leurs pirouettes. J'étais toujours juste à côté de l'appareil utilisé, prêt à venir en aide à ceux/celles qui manquaient leur coup. Mais jamais, je n'aurais touché à un étudiant à moins qu'il/elle ait besoin de mon intervention. Je voulais qu'ils/elles aient tout le mérite de leur effort, à moins qu'ils/elles soient en danger. Je devais être là, esprit, corps et âme... et j'y étais!

«*N'aide jamais un enfant dans une tâche à laquelle il sent qu'il peut réussir.*» (Traduit de l'anglais par l'auteur)

Maria Montessori

Ça n'aurait pas été un problème de faire de la gymnastique pendant leurs périodes, mais il aurait été dangereux de les forcer à faire certains exercices alors qu'elles étaient paralysées par la peur. Naturellement, je n'aurais jamais rêvé de les faire commencer sur des tremplins ou sur des appareils comme le cheval allemand.

Je commençais toujours par des exercices sur le tapis qu'un enfant peut faire, comme la culbute. Et à partir de là, passer progressivement à l'étape suivante. Il était facile de voir qui était agile et douée et qui était stressée ou médiocre.

Ce qu'elles étaient invitées à faire, demandait de la créativité. Il faut visualiser l'exercice dans sa tête, avant de pouvoir le faire sur le tapis ou sur les appareils. La créativité, comme l'exécution d'un art ou le processus d'aimer, ne peut pas être commandé ou imposé à quelqu'un sans produire l'effet contraire à celui désiré.

La créativité forcée est destructrice; destructrice d'une expérience qui doit être désirée, séduisante, excitante, passionnante. En un mot, d'une nature spirituelle et qui massage l'âme! L'individu sort de la créativité forcée endommagé, au lieu d'en ressortir agrandi, amélioré de façon exponentielle, plus libre, presque sublime! Se connaissant et s'aimant lui-même, la vie et les autres davantage!

C'est ce que l'école pourrait et devrait faire pour nos enfants! Au contraire, elle commande, elle endoctrine, elle moule, elle ennuie à mort! Cela ralentit la réalisation de soi, détruit l'estime de soi, pousse à la drogue, à l'alcool, au suicide mental... ou autre, dans certains cas! Ce n'est pas une image gaie!

J'avais donc décidé que j'utiliserais la méthode douce. Je les inciterais progressivement à participer, leur donnant la possibilité de voir le plaisir des filles qui participaient et qui, de façon évidente, s'amusaient beaucoup.

Les filles qui étaient des amateurs de gymnastique faisaient un bon travail à convaincre leurs amies de les rejoindre. Finalement, elles se présentaient, en Léotard, elles se plaçaient en ligne, éventuellement se rapprochaient de plus en plus jusqu'à être première en ligne et alors...*couraient à l'arrière de la file.*

Elles n'étaient pas prêtes. Elles répétaient ce manège jusqu'à ce qu'elles gagnent assez de confiance et décident de s'y risquer. Certaines d'entre elles me regardaient dans les yeux et me disaient: «*Vous êtes sûr que vous n'allez pas me laisser tomber, OK???*»

Je les rassurais et enfin, elles maîtrisaient leur peur et en sortaient indemnes et si fières d'elles-mêmes, et criant à leurs amies et à elles-mêmes: «*Je l'ai fait! Je l'ai fait!*» J'aurais voulu les étreindre!

Ça aurait été naturel, réconfortant et inspirant pour nous deux... Mais nous étions dans l'époque de la grande noirceur... parmi une population faussement endoctrinée. Et ici, je me dois d'ouvrir une parenthèse sur un mécanisme très important de la nature humaine: la peur.

Je ne suis pas sûr d'avoir mentionné que, plus tard dans la vie, quand j'entrais dans une phase maniaco, j'avais peur de rien ni de personne. Nous avons été élevés à penser que la peur est un signe de faiblesse, le signe d'un manque de courage, quelque chose de honteux, que nous devons cacher aux autres à tout prix.

Eh bien, pour moi, rien ne pourrait être plus éloigné de la vérité. La peur n'est pas l'ennemi: le danger est l'ennemi! La peur est la petite voix amicale qui vous dit:

«Salut, je suis votre amie, Mlle La Peur. Ma job est de vous protéger contre un ennemi que j'appelle Old Dan (pour Danger). Lorsqu'Old Dan vous guette, restez calme, soyez alerte, ouvrez vos yeux, ouvrez vos oreilles, ouvrez votre esprit, soyez prêt pour le combat ou pour la fuite. Réagissez, stimulez votre adrénaline! Il pourrait y avoir un incendie dans la maison... ou les toasts peuvent être en train de brûler. Trouvez ce qui en est, ne vous sauvez pas de moi, ne m'ignorez pas; je suis votre meilleure amie! Coopérez avec moi! Mon travail consiste à vous prévenir et à vous protéger et à vous indiquer quand Old Dan est tout près! Souvenez-vous: je suis votre amie, je vous aime! S'IL VOUS PLAÎT, AIDEZ-MOI À VOUS AIDER !»

Au lieu de cela on nous apprend à fuir la peur ou à l'embouteiller et à la désamorcer. Il n'est pas normal d'avoir peur du détecteur de fumée. C'est bruyant, mais ça ne devrait pas nous effrayer. Ça devrait être de la musique à nos oreilles quand, à quatre heures du matin, elle sonne et la maison est en feu. Ça nous avertit de rassembler nos proches et de quitter le bâtiment.

Il est normal de craindre le danger. Et l'un des grands dangers *c'est d'avoir peur de la PEUR!* De démentir sa peur, d'avoir honte de la peur, est irrationnel et dangereux! Et nous apprenons ça par notre éducation à la maison, à l'église, à l'école, et dans la société. Mon église nous faisait un lavage de cerveau pour nous faire croire que la crainte de Dieu est le commencement de la sagesse!

Craindre Dieu, c'est craindre la source suprême de l'amour! Dans ma religion d'un,- moi-, Dieu, l'Amour et la Vie sont synonymes. Je ne suis pas sûr au sujet de Dieu..., mais sans l'amour et la vie, je ne suis plus. De n'avoir peur de rien ni de personne comme j'étais quand j'étais «*high*», c'était dangereux pour moi et pour les autres autour de moi. S'il vous plaît, comprenez-moi bien: **«*Je suis un être humain, la créature la plus sauvage et la plus dangereuse de toute la création, la seule créature qui menace l'humanité!*»**

Les lions, les crocodiles et les requins ne menacent pas le monde. L'homme avec sa soif de pouvoir et de prestige et son irresponsabilité menace le monde et notre existence même, la vôtre et la mienne! Nous devrions être intelligents, et souhaiter la bienvenue à nos craintes, et surtout ne pas les mettre dans une camisole de force. Si nous le faisons, nous disparaîtrons avant notre temps!

Éventuellement, toutes mes filles participèrent, et celles qui avaient peur au début, avaient conquis leur peur, et ça allait changer leur vie à partir de ce moment-là! Les peurs viennent toutes d'un grand réservoir dans notre psyché.

Et quand nous en conquérons une, je crois que nous diminuons toutes les autres, en étant maintenant mieux équipés pour leur faire face. J'enseignais pour aider mes élèves à grandir, à découvrir qui ils étaient, et à s'aimer eux-mêmes et les autres plus en ce faisant.

Il est parfois difficile de savoir si nous aidons ou si nous nuisons lorsque nous choisissons d'enseigner d'une certaine manière qui diffère de celle de la majorité du corps enseignant. *Qui étais-je pour oser marcher au rythme d'un tambour différent de celui du reste des enseignants?*

24

Et l'homme inventa la roue...

«Sans aucun doute, la plus grande invention de l'histoire de l'humanité...c'est la bière! Oh, je vous concède que la roue était aussi une belle invention, mais la roue ne va pas tout-à-fait aussi bien avec la pizza.» (Traduit de l'anglais par l'auteur)

Dave Barry

L'homme inventa la roue, puis il inventa les médias,... *afin de pouvoir se vanter d'avoir inventé la roue!* Si j'établis une corrélation entre la roue et les médias, c'est parce que je crois que l'avènement de l'information et des communications électroniques a eu-et aura-une influence sur les êtres humains, dont l'amplitude dépassera ce dont nous ayons jamais été témoins... depuis l'invention de la roue!

La plupart des gens, je crois, seraient surpris d'entendre quoi que ce soit qui puisse sembler négatif concernant l'avènement de l'ère de l'information et des communications électroniques. En d'autres termes, les nouveaux gadgets permettent la communication instantanée entre un milliard et demi de personnes sur facebook seulement, et l'accès à l'internet 24/7, partout dans le monde industrialisé pour des milliards de personnes à partir du très jeune âge de peut-être 5 ou 6 ans.

Je ne vais pas énumérer tous les appareils portatifs sophistiqués. Vous savez ce qu'ils sont. Nous voyons maintenant de plus en plus de gens avec ces gadgets et ç'a seulement commencé il ya quelques années. Qu'est-ce que ce sera dans un autre 10 ans? C'est une énigme pour tout le monde.

Les deux types d'ordinateurs, les fixes et les portatifs comme les «*lap tops*» et les smart phones ou téléphones intelligents, peuvent créer la dépendance. On peut facilement passer tout son temps libre à regarder des vidéos sur «You Tube», Wimp.com, envoyer et recevoir des textes etc., communiquer sur facebook et de nombreuses autres façons dont je n'ai pas la moindre idée. Mais vous connaissez tous la polyvalence de l'ordinateur. Maintenant, nous allons parler d'un autre gadget que nous avons dans la maison qui est moins mystérieux et moins menaçant... ou l'est-il?

Sous ses apparences inoffensives, la télévision, pour moi, est le plus fantastique... et le plus dangereux de tous les gadgets qui nous envahissent! De toutes les influences majeures sur l'évolution de nos enfants, je placerais, sans hésitation, les médias parmi les premiers en ligne.

Il est encore trop tôt depuis l'avènement des médias dans le monde moderne pour être en mesure de conclure avec un degré de certitude, comment ça va transformer la société. Le monde industrialisé, dans les 20 dernières années, a été inondé par la technologie électronique très infectieuse de l'informatique et des communications.

Entre le monde des années quatre-vingt et le monde de 2014, il ya un gouffre aux proportions monumentales. Et cela, particulièrement *et peut-être exclusivement, par l'explosion soudaine de l'informatique et des communications qui nous est tombé dessus comme un tsunami féroce ...mais bienvenu.*

Je ne pense pas que, pour l'instant, nous sachions ce que sera le résultat final de ce changement culturel de la société. En 1876, lorsque le jeune inventeur Alexander Graham Bell donna le téléphone au monde, il était loin de savoir jusqu'où son «*gadget parlant à distance*» changerait le monde qui ne pouvait pas totalement comprendre ni prévoir les conséquences de ce gadget curieux mais apparemment inoffensif.

Avec les portes de la communication vocale ouvertes, il n'y avait qu'un pas à faire pour que la technologie y ajoute l'image.

Je n'essayerai pas de clarifier qui a inventé la télévision ou «*le visionnement à distance*», comme on l'a appelée. Elle est apparue sur le marché il y a environ 75 ans.

C'était comme si la roue venait d'être réinventée! Peu à peu, elle a envahi nos maisons, d'abord en noir et blanc, puis en couleur et... en grappes. La plupart des maisons en ont maintenant 3 ou 4! Pourquoi est-ce que je fais un tel fla-fla à ce sujet? *C'est seulement la télévision!*

Un jour, nous nous rendrons compte que la télévision est un beau jouet, mais un jouet qui peut être très dangereux pour les enfants... de tout âge, mais plus encore pour les jeunes enfants. Ça n'a l'air de rien, mais c'est loin d'être aussi inoffensif que nous le pensons.

Regardons certains de ses effets les plus sérieux pour nos enfants. La TV les engloutit dans un monde d'irréalité, ou pire, de réalité truquée, sans alerter leur psyché. Même les nouvelles du monde sont souvent censurées et parsemées de propagande politique et militaire.

> *«La publicité commerciale, par le biais des annonces qui jouent sur les fantasmes et les pulsions irrationnelles, est parmi les formes les plus envahissantes de propagande en existence aujourd'hui.»* (Traduit de l'anglais par l'auteur)

Nancy Snow's

Je concède que la publicité est essentielle au succès du commerce. Mais quand je vois des jeunes enfants et même des nourrissons exposés aux techniques de manipulation de la publicité, ça me fait frémir de voir que la télévision soit utilisée comme babysitter. La publicité est un outil démoniaque qui ne recule devant rien ni personne pour atteindre son objectif qui est de manipuler la psyché de ceux qu'elle rejoint, *quelque soit leur âge!*

Un autre problème de la tv, c'est la désensibilisation des personnes envers les meurtres, les guerres et les souffrances dont les êtres humains ne devraient pas avoir à être témoins.

Les recherches estiment qu'un jeune de 18 ans, aura vu environ 200,000 actes de violence à la télévision, y compris 40,000 meurtres. La tv est un système d'école déguisé auquel les enfants croient davantage qu'ils croient en leurs parents et en leurs enseignants, dans la plupart des cas. Qu'enseignons-nous à nos enfants??? Une autre astuce de la publicité est d'augmenter le volume de leurs messages publicitaires afin de mieux accrocher ses victimes.

Leurs techniques démontrent un manque flagrant d'éthique morale et de respect de l'individu. Naturellement leur «*lobbying*» auprès de nos gouvernements leur permet ces atrocités. Mais voici quelques bonnes nouvelles. Très bientôt, apparemment, il y aura sur le marché des téléviseurs équipés... de commutateurs *qu'on pourrait employer pour fermer la TV!* Ha,ha,ha. Ça pourrait aider à atténuer sinon à régler le problème...

«La propagande moderne exploite les connaissances et la psychologie et les techniques de communication. Cela favorise la manipulation des sentiments au détriment des capacités de raisonnement et de jugement.» (Traduit de l'anglais par l'auteur)

(www.toupie.org,)

Voilà, en bref, mes réflexions sur le gadget que nous appelons la télévision, sa réalité truquée et sa publicité redoutable, étant toutes deux des moyens efficaces de conditionnement et de manipulation des masses. Après avoir condamné l'influence corrosive de la télévision et sa programmation discutable, je veux ajouter ceci: même si le contenu des programmes à la télévision était parfait, la pratique de regarder la télévision pendant des heures chaque jour constitue un problème sérieux pour la plupart des individus, mais en particulier pour les enfants.

Il n'est définitivement pas facile de décider ce que chaque enfant peut regarder et pendant combien de temps. Comment organiser qui regarde quoi, quand on a des enfants d'âges différents dont certains sont trop jeunes, si la télévision est dans la chambre familiale?

Il n'y a pas de solution facile autre que de ne pas avoir de télévision dans la maison. Et ce n'est pas facile non plus. Même après avoir pensé à ce problème pendant des années, je ne suis pas encore arrivé à une solution.

Plus les parents partagent des activités avec leurs enfants plus ça devrait avoir un effet dissuasif de regarder la télévision. De ne pas avoir de télévision dans la maison ou de ne pas permettre aux enfants de la regarder du tout, en ferait des parias.

Cette aliénation d'avec leurs pairs pourrait avoir des conséquences graves, auxquels je ne serais pas prêt à exposer mes enfants.

«Ce que les adolescents veulent surtout, ce sont les récompenses sociales, en particulier le respect de leurs pairs.» (Traduit de l'anglais par l'auteur)

AlisonGopnik

25

N'essayez pas de mémoriser

«Dites-moi et j'oublie. Apprenez-moi et je me souviens. Impliquez-moi et j'apprends.» (Traduit de l'anglais par l'auteur)

Benjamin Franklin

Comment faudrait-il qu'un professeur soit fou pour donner un tel conseil à sa classe: *«N'essayez pas de vous souvenir.»* Terriblement fou...ou très différent dans son approche d'un sujet aussi important que la biologie. Eh bien, je suis heureux d'admettre que j'étais ce professeur fou! Avant de commencer ce chapitre avec ce curieux titre, dois-je vous rappeler que je ne pense pas comme la plupart des gens que vous rencontrez dans votre vie quotidienne.

La meilleure explication que je peux rafistoler, c'est que je suis un non-conformiste. Je n'accepte de suivre personne...*sauf à un buffet. Ha,ha,ha.* Mais permettez-moi de partager avec vous cette belle expérience de vie réelle, pendant que j'enseignais à Carleton, au Québec, en Avril 1967.

On devait être vers le milieu d'avril, quand le principal m'invita à son bureau. Il était dans une impasse et avait besoin de quelqu'un pour prendre soin d'un problème urgent, *«presto!»* La professeure de biologie, l'infirmière Bernard, était tombée malade et serait en congé de maladie pour une période indéterminée. Il avait besoin de quelqu'un pour possiblement enseigner les deux derniers mois de biologie à ses classes de 11ième année. Plein d'appréhension, il me demanda:

«Peux-tu prendre ses classes et la remplacer à partir de... demain?»

Je me suis dit: *«Biologie! Ouais! Bien sûr, pourquoi pas?»* Et comme s'il était inquiet que je change d'idée, il ajouta d'un air penaud:

*«Le sujet à enseigner est **la reproduction**. Tu n'as pas à leur en parler en classe; aucun enseignant l'explique aux élèves, parce qu'ils trouvent ça gênant de parler de ces choses à des garçons et des filles de 16-17 ans, dans une même classe. Ainsi, tu peux simplement leur indiquer quelle partie étudier et leur donner des tests et ça fera.»*

Il parlait à la mauvaise personne... J'ai toujours été intéressé par la biologie, pour une curieuse raison. Il s'adonne que je suis un de ces gars chanceux ayant *tout un corps pour lui-même...* et curieux de connaître son *«modus operandi»*...

Mon frère était chirurgien et quand j'avais 17 ans, un soir, tard, il fut appelé à se rendre à l'hôpital pour une opération, à environ une demi-heure de route de la maison. Il me demanda si je voulais aller avec lui. J'acceptai et sur le chemin de l'hôpital, il se tourna vers moi et me demanda à brûle-pourpoint si j'aimerais assister à l'opération. *«Quelle sorte de question que c'était ça?»*

Bien sûr, je voulais voir ça! Il venait de m'opérer pour le même problème, l'appendicite, quelques semaines plus tôt. Donc, je me tenais à la tête de la table d'opération juste à côté de l'anesthésiste. Juste là, face à moi sur la table, était étendue une jeune fille de 17 ans, *complètement nue*, qui venait de *se faire raser pour l'occasion*. Cela, en soi-même, constituait une importante leçon d'anatomie...

En 1957, d'où je venais, quel que soit votre âge, le sexe en dehors du mariage était un péché mortel et une abomination. Le corps de la femme nue, nous disait-on, était sale. Je l'ai entendu *de la bouche même de ma mère*. Alors ça devait être vrai!

Celui-ci(le corps) *me semblait particulièrement bien...et pas sale du tout!* Cela seul, l'affaire de la fille nue, était tout un régal pour moi! Alors, *merde!* Ils la recouvrirent d'un drap vert muni d'une ouverture nécessaire pour l'opération.

En 1957, dans ma région, votre chance de voir les seins d'une femme *au naturel* ou dans un magazine, était presque nulle D'abord, le seul magazine à venir dans notre région était le catalogue du magasin Eaton.

Et dans ces catalogues, ils vendaient des soutiens-gorge. Ces catalogues étaient notre source de papier de toilette. Mais pas avant que les pages avec les soutiens-gorge fussent mystérieusement saisies par la censure...

Ma mère, comme les autres mères, devait faire en sorte que les hommes ne voient pas de soutiens-gorge, même sur des photos, avant de se marier. Il n'y a jamais eu, que je sache, un soutien-gorge sur notre corde à linge, même s'il y avait 6 femelles dans notre maison!

Je ne peux que deviner qu'elles mettaient un soutien-gorge neuf et le retiraient quand il s'effritait... et elles le remplaçaient par un autre, à la noirceur, sous leurs couvertures! Que de mystères pour des seins!

Nous n'avions pas l'électricité, pas de salle de bains, donc pas de baignoire, pas de toilette, pas d'eau courante, chaude ou froide, pas de vie privée, ...*no problemo!* Et ce n'est pas tous les maris qui pouvaient voir les seins de leur femme après le mariage non plus! Certaines femmes portaient de longues jaquettes de nuit qui les couvraient de la tête aux pieds.

Elles se déshabillaient à la noirceur, mettaient cette jaquette et ne l'enlevait jamais... même pas pour la copulation! Il y avait un trou *stratégiquement situé* pour rendre la *procréation* possible... À ne pas confondre avec *faire l'amour!*

Comme je regardais avec beaucoup d'intérêt et de curiosité, le Dr Marc m'expliquait tous les détails de la procédure. J'étais surpris de voir avec quelle attitude détachée mon frère faisait l'excision, la manipulation et la suture des organes sur lesquels il opérait.

Cela me rappelait la façon dont mon père rafistolait une vieille paire de chaussures en utilisant un machin que nous appelions un pied de fer, qui servait à tenir la chaussure fermement en place. On aurait dit qu'il n'opérait pas sur un être humain, *mais plutôt sur un morceau de viande détaché de cette jeune fille...* Et il était connu comme un grand chirurgien,... et il l'était! Quand vous faites cette opération de routine quelques centaines de fois par année, pendant 10 ou 15 ans, vous travaillez souvent comme sur le pilote automatique. Mais détournons la vue pour un moment et avançons le calendrier d'environ 10 ans et nous sommes maintenant de retour à l'école et, *féru de mon expérience en anatomie,* il me faut me préparer pour les classes de biologie du lendemain.

Voilà comment ça se passe. Je dois me préparer pour la première période que je répéterai en face des trois autres groupes. Donc, je me suis préparé correctement, ce soir-là, à la maison, et le lendemain matin, je fis face à la musique. Il n'y avait pas moyen que je ne leur enseigne pas la reproduction et cela, pour de nombreuses raisons. Tout d'abord, je ne suis pas scrupuleux. Deuxièmement, je crois que la biologie est d'une importance primordiale pour toute personne humaine. Le système scolaire prétend que c'est juste une matière pour remplir l'horaire; *du bouchage de trou!*

Ma façon de voir leur liste de priorités n'est pas flatteuse ...pour eux! Que la biologie soit moins importante dans leur curriculum que la géographie et l'histoire *me titille les méninges!*

Cependant, confiant dans ma vaste connaissance de la biologie, (...deux heures de préparation) je suis entré dans la classe du premier groupe de cobayes. J'aurais pu commencer comme la majorité des enseignants le font et mettre mon nom en grosses lettres sur le tableau noir, pointer avec une craie et dire, avec autorité et une attitude de boss d'entreprise: «Bonjour! Classe, mon nom est **MONSIEUR GAUVREAU.**» Au lieu de cela, je leur ai dit:

«Salut! Les gars et les filles, je m'appelle Roméo. Monsieur Gauvreau c'était mon père. Alors, s'il vous plaît, appelez-moi Roméo. Comme vous le savez déjà, sans doute, l'infirmière Bernard est en congé de maladie pour possiblement le reste de l'année scolaire. On m'a demandé si j'accepterais de la remplacer et j'ai accepté avec plaisir.

Je ne sais pas si je peux la remplacer de façon compétente; elle est infirmière et je ne sais pas beaucoup plus de biologie que vous en savez vous-même. Mais, avec une préparation adéquate, je crois que je peux faire le travail. Dans l'éventualité que je me révèlerais être un citron, n'hésitez pas à me clairer!»

Tout le monde se mit à rire. A ce moment-là, je savais que j'avais leur attention. J'ai continué à établir une connexion avec eux:

«Je ne veux pas que vous me mettiez sur un piédestal. Je ne suis pas Dieu ...je suis seulement son assistant! (Plus de rires...)

J'ai continué en leur disant que nous allions vivre une expérience très enrichissante, ensemble, s'ils acceptaient de jouer le jeu avec moi. Je leur ai ensuite dis, en confidence, que je détestais l'école quand j'avais leur âge et que je comprenais leurs sentiments.

«L'école peut être ennuyante et, la plupart du temps, elle l'est. Mais j'ai des nouvelles pour vous. Je crois que je peux la rendre intéressante ...et même amusante. Voici ce dont je veux parler. Le sujet avec lequel nous voulons nous familiariser est la biologie, mais plus particulièrement la reproduction. Vous savez tous que je ne parle pas de forgerie ici, j'espère ....» Après la reproduction, nous verrons ensemble l'hérédité et la génétique.

Avec votre aide, je vais tenter de vous parler de la reproduction d'une façon plus adulte et plus réaliste que les différentes versions que vous avez glanées ici et là entre copains.»

Et puisque plusieurs d'entre vous peuvent être mal à l'aise d'entendre parler de ce sujet «tabou» en face des autres, je vais faire tout ce que je peux pour vous rendre confortables en étant moi-même confortable-et je le suis- quand je parlerai de ce sujet qui nous concerne et qui devrait être d'un grand intérêt pour nous tous.

Je vais vous demander de me faire confiance et de faire quelque chose qu'aucun autre prof ne vous a jamais demandé de faire. Je vous demande de ne pas essayer de mémoriser ce que vous allez entendre pendant les classes de biologie. Je vais m'assurer que vous vous souveniez de tout ce qui est important durant ces cours. Fermez vos livres, et ne prenez pas de notes, à moins que vous le vouliez vraiment. Je vous promets, que vous vous souviendrez.»

Vous auriez dû les entendre et voir leurs réactions! Ils en avaient le souffle coupé! Comment pourraient-ils se souvenir de la matière sans prendre de notes et de les étudier par cœur ? Je m'attendais à leur réaction et j'étais prêt.

Un des étudiants qui était très probablement médiocre dans les sujets académiques -je savais cela par l'endroit où il était assis, droit au fond de la classe, comment il était assis, et le sourire narquois sur son visage exprimant l'incrédulité. Je l'interpelai ainsi:

«Qu'as-tu fait de bon hier soir après le souper?»

Il regarda des deux côtés vers ses amis avec l'air de dire: *«De quoi parle-t-il?»*

-*«Je suis sorti dehors et j'ai joué avec mon ami Jeannot, et puis, après, je suis rentré à la maison.»*

-*«Qu'as-tu fait après?»*

-*«Oh ! Après ça, j'ai regardé un film à la télévision.»*

-*«Quel était-ce film?»*

Il regarda de chaque côté vers ses deux acolytes, genre de vouloir dire:

-*«Où diable est-ce qu'il s'en va avec ça?»*

Il ne savait pas plus que le reste de la classe où je m'en allais avec cette série de questions, mais moi, je savais... Donc je suis resté avec lui et je le faisais avec un sourire, sans malice ni sans moquerie. Et je répétai ma question:

-*«S'il te plait dis-moi: Quel était le titre du film que tu as regardé?»*

-*«C'était: «The sound of music, Le son de la musique»* qu'il lâcha finalement.

-*«Qui en sont les principaux acteurs?»*

-*«Tout le monde connait ce film...»*

Je suis revenu à la charge avec:

-*«S'il te plaît continues de jouer le jeu avec moi et tu vas comprendre ce que je suis en train de faire dans un moment.»*

Après avoir énuméré les principaux acteurs et sur quoi portait le film, j'ai demandé et obtenu le scénario du film dans ses grandes lignes. Et puis vint la question qui le terrassa:

-*«Puis-je voir tes notes, s'il te plaît?»*

-*«Quelle notes?»*

-«*Les notes que tu as prises durant le film.*»

-«*Monsieur Gauvreau, qui prend des notes durant un film?*»

-«*Je ne sais pas, mais j'ai pensé que tu l'avais fait parce que tu m'as dit que tu ne pourrais pas te rappeler de la biologie, sauf si tu essayais fort de t'en rappeler, si tu prenais des notes et les étudiais! As-tu deux sortes de cerveaux différents: un pour les films et l'autre pour les matières scolaires? Ha,ha,ha. Permets-moi de t'expliquer un peu cette expérience que j'ai faite avec toi, et, en passant, merci d'être un aussi bon «sport».*

Et m'adressant maintenant à toute la classe, je leur expliquai que nous n'avons pas à faire un effort spécial pour nous rappeler des choses que nous aimons et sommes motivés à écouter. En un mot les choses qui nous intéressent, les choses que nous sommes curieux d'entendre et de connaître.

Elles s'impriment dans notre esprit sans effort et y restent pendant longtemps, parfois même, pendant toute notre vie. J'ai dit à ce jeune homme que dans 10 ans, si ce film apparaissait sur son écran de télévision, il se souviendrait immédiatement de l'avoir vu, le nom des acteurs et l'histoire du film. Pourquoi les sujets de l'école que nous n'aimons pas, dans la plupart des cas, ne s'ancrent-ils pas dans notre mémoire, et s'ils le font, la plupart d'entre eux disparaissent en quelques jours, voire même en quelques heures, si elles s'ancrent en tout?

> **«Tout comme manger contre son gré est préjudiciable à la santé, ainsi étudier sans en avoir le goût gâche la mémoire, et elle ne retient rien de cette ingestion.»**
>
> Leonardo da Vinci

Par le temps que j'eus fini de les aider à comprendre ma théorie,-que j'ai découvert plus tard, être l'une des théories de William Glasser-, la période était terminée, et j'avais donné une grande leçon de biologie! Non pas que c'était dans le manuel... Mais c'est un aspect du comportement humain que nous appelons la motivation. Et je suis sûr que jusqu'à ce jour, ils se souviennent de la conversation, hors du commun, que nous avons eue ensemble ce matin là. J'ai répété ce petit stratagème avec les deux ou trois autres groupes à qui j'enseignais la biologie, puis j'ai entamé le programme comme tel.

J'avais créé une relation avec ces jeunes adultes, ces bons enfants, ces êtres humains que je n'avais aucune raison de ne pas aimer et toutes les raisons du monde d'aimer et de respecter, notamment en me mettant à leur niveau. L'étudiant et l'enseignant sont tous deux à l'école de la vie et leur rôles souvent se renversent. Un peu comme deux points sur un même cercle...

Je vais, plus tard, parler plus en profondeur du géant que j'appelle le Dr William Glasser, psychiatre et ingénieur chimiste. Il est le fondateur et leader d'un nouveau système d'école dont il a établi les bases à la grandeur du monde.

Cette expérience en biologie s'est très bien terminée, de ce que j'ai pu voir au cours des examens gouvernementaux de la fin de l'année auxquels j'étais l'un des superviseurs. J'ai vérifié les réponses de l'examen de nombreux étudiants et dans la partie de la reproduction, de la génétique et de l'hérédité que j'avais enseignée, tout le monde semblait s'être souvenu des grands mots avec lesquels nous nous étions familiarisés, non pas par gavage, mais par l'usage répétitif de ces grands mots et l'atmosphère de plaisir et de détente que j'avais mis en place avec leur collaboration.

*Un individu n'apprend pas pendant qu'on l'ennuie à mort, qu'on le stresse, sous la contrainte, ou étant victime d'intimidation. Et s'il apprend, il apprend à s'échapper et à fuir sa réalité, face à cette écolisation obligatoire et abrutissante que nous lui imposons ...**au nom de l'éducation!*** Quant à mon secret, je fis un effort pour présenter le sujet complexe avec humour, chaque fois que possible. Ça aidait avec leur embarras et leur gêne devant les autres.

J'avais vraiment préparé mes cours-et moi-même-soigneusement, et j'avais insisté sur les sujets qui étaient de la plus haute importance pour eux. Parmi ceux-ci, le cycle menstruel de la femme et le contrôle des naissances venaient en tête de la liste. Pour moi, une jeune fille de 17 ans qui ne sait pas quand elle peut ou ne peut pas devenir enceinte dans son cycle et comment le prévenir, joue à la roulette russe.

«L'éducation sexuelle est légitime en ce que les filles ne peuvent pas être enseignées assez vite comment les enfants ne viennent pas au monde.» (Emphase et traduction de l'anglais par l'auteur)

Karl Kraus

Je n'ai jamais enseigné pour la commission scolaire, mon employeur, je n'ai jamais enseigné pour le principal, mon patron, je n'ai jamais enseigné pour l'approbation des autres professeurs; j'enseignais pour mes élèves que je m'étais engagé à aider. Mon devoir était d'essayer de les aider à devenir qui ils étaient vraiment, autant que je le pouvais. J'avais une devise qui disait à peu près ceci: *«si vous n'aimez pas vos élèves, vous leur nuisez et vous devriez démissionner ...**hier!**»*

«L'éducation sexuelle peut être une bonne idée dans les écoles, mais je ne crois pas qu'on devrait donner des devoirs à la maison aux enfants.» (Ha, ha, ha.) (Traduit de l'anglais par l'auteur)

Bill Cosby

26

Créativité et écriture créative

«Nous devons démolir la scolarisation, car elle nuit à l'apprentissage et asservit les enfants. Ensuite, nous devons investir ...pour créer des opportunités et des infrastructures qui respectent les enfants et les aident à apprendre.» (Traduit de l'anglais par l'auteur)

Wendy Priesnitz

Je vais puiser dans mon expérience personnelle pour illustrer comment,-aussi ignorant que j'étais dans ma deuxième année d'enseignement,-j'ai osé suivre mon instinct pour l'enseignement de l'écriture créative à un groupe d'élèves de 9ième année.

En 1966, on m'assigna la littérature française en neuvième et dixième année «classiques». Les étudiants visaient à l'obtention d'un Baccalauréat es Arts.

Avoir la chance de faire les quatre premières années d'un cours de 8 ans, après la septième, dans leur village, sans avoir à payer pour les frais de scolarité ou aller en pension dans un séminaire, comme de mon temps, leur rendait l'obtention d'un degré beaucoup moins dispendieux et plus accessible.

Les êtres humains sont doués d'une faculté qui est si profondément ancrée dans leur nature que, sans elle, ils ne pourraient pas fonctionner ou survivre.

Nous appelons cette faculté: la créativité. Nous l'utilisons dans toutes nos actions volontaires, et elle est à la base de toutes nos décisions. Elle façonne nos pensées, nos rêves, nos mouvements, de l'aube au crépuscule, jour après jour. Aussi elle semble varier dans une mesure plus ou moins grande, selon les individus.

En général, cette faculté semble exister à un degré plus élevé chez les jeunes que chez les adultes «*éduqués*». Je crois que notre système scolaire, avec sa «conformisation» des étudiants, a tendance à atrophier leur créativité. Une partie en devient comme dormante.

Et si nous croyons Albert Einstein: **«*C'est l'art suprême du professeur d'éveiller la joie dans l'expression créative et la connaissance.*»** (Traduit de l'anglais par l'auteur)

J'ouvris le programme pour l'année, en 9ième classique, qui se composait de trois mots: *Écrire un roman.*
«*Écrire un roman!!!*»

Pendant un moment, j'ai pensé: «*V'là ce stupide ministère de l'éducation, qui fait encore des siennes! Ces élèves sont en 9e année, **ils ont 14-15 ans!** Qu'est-ce que ces idiots(les ministres) pensent???*»

Après avoir sacré contre eux pendant un bout de temps, je me suis calmé et j'ai commencé à réfléchir plus clairement à ce défi. Était-ce un roman pour la classe, ou un roman chacun?

Je réfléchis à ce programme pour une couple de jours. Et peu à peu, je commençai à réaliser que ce n'était peut-être pas aussi fou que je l'avais d'abord pensé. Ils avaient seulement 14-15 ans et ils n'avaient pas encore été complètement abêtis par ce système scolaire archaïque!

Peut-être que c'était encore possible. Mais la question demeurait: est-ce un roman chacun ou un roman pour l'ensemble de la classe, une sorte de projet de groupe?

Soupesant la question, et me rendant compte qu'il leur restait plus de créativité que ce qu'ils auraient dans quelques années de plus d'abus par l'école, je décidai qu'avec mon encouragement et un support patient, ça valait la peine d'essayer: ils écriraient un roman chacun!

«Les enfants sont nés passionnément désireux de trouver autant de sens que possible dans les choses autour d'eux. Si nous tentons de contrôler, de manipuler, ou de détourner ce processus ...le scientifique indépendant dans l'enfant disparaît.»

John Holt

Après m'être présenté comme Roméo, et non comme **Monsieur Gauvreau**, (ce qui était une grosse affaire à l'époque), j'ai jasé avec eux pour créer une connexion, établir un début de relation humaine, pour commencer à se connaître. Et alors seulement, nous avons le droit d'essayer de leur faire partager une expérience ou de les laisser en créer une par eux-mêmes.

Quand je leur ai dit ce que le programme pour l'année en littérature française était, j'ai pensé que le plafond allait nous tomber sur la tête, tellement ils ont réagi:

«Ils sont fous! Il n'y a aucun moyen que nous puissions faire ça! Le plus que nous ayons jamais écrit est une page ou deux», etc.

Je leur ai donné du temps pour exprimer leur colère et leurs sentiments de frustration. Je les ai écoutés au lieu de leur dire de se taire et de bien se comporter.

Je les ai écoutés pendant qu'ils laissaient libre cours à leur indignation. Je les respectais, eux-et leur frustration. La plupart d'entre eux pensaient que c'était impossible et stupide. Pour le reste de la période, je les ai écoutés attentivement. Ils montraient des signes qu'ils me faisaient confiance.

Ils ne l'auraient pas fait si je les avais ramenés à l'ordre dès le début de la période. Et je partageai avec eux, qu'à leur âge, j'aurais ressenti la même chose ...même si je n'avais pas été autorisé à l'exprimer comme ils venaient de le faire. Je leur faisais confiance; ils me faisaient confiance.

Nous avions un terrain d'entente commun où nous pourrions grandir ensemble. Maintenant, nous pouvions commencer à examiner le défi à relever plus facilement et avec un esprit plus clair. Ce dont ils avaient besoin, je pensais à l'époque, ce n'était pas une injection de génie qui les transformeraient en écrivains accomplis. Ce n'était pas la façon dont je voyais cela du tout.

Ce n'était pas non plus une ambition de mon ego recherchant la gloire en faisant écrire et publier un livre à des élèves de 9ième année, même si ce n'était que quelques uns seulement... Je pouvais écrire, et j'aurais pu les aider avec leur écriture; je ne l'ai jamais fait.

Pas de cette façon, en tout cas. Mon travail, je pensais, était d'essayer de déprogrammer leurs esprits de tout l'endoctrinement négatif et abrutissant, auquel ils avaient été exposés au cours des 8 dernières années d'école...ou de déshumanisation orchestrée. Pour les 8 dernières années, ils avaient été traités comme s'ils ne pouvaient rien créer par eux-mêmes. La meilleure chose et vraiment la plus importante que je pouvais-et planifiais de faire pour et avec eux-était de leur redonner confiance en eux-mêmes.

Je pensais vraiment qu'ils pouvaient le faire et je me devais de leur transmettre ce message. C'était ma raison pour ouvrir une ligne de communication entre moi et eux, entre eux et moi. C'a pris la plus grande partie d'un mois avant que j'aie convaincu la majorité d'entre eux suffisamment pour qu'ils essaient.

Je n'ai jamais utilisé une once de coercition de toute l'année. J'étais vraiment là, avec eux, partageant la difficulté de leur tâche et l'énormité de cette tâche! J'aurais ressenti la même chose si on m'avait demandé d'écrire un roman à 14-15 ans. J'ai eu assez de foi en eux pour surmonter le manque de foi qu'ils avaient en eux-mêmes, à la suite de 8 ans de manipulation de leur psyché.

Donc, j'étais conscient que j'exigeais beaucoup d'eux. J'ai précisé, dès le début, que je serais prêt à les aider à fabriquer le livre physiquement, mais que je ne les aiderais pas du tout avec le contenu ou la trame de l'histoire de leur roman. C'était leur création et la leur seulement.

De bas âge, je m'intéressais à la mécanique et à la fabrication de choses. Au séminaire, j'avais aidé à la réparation des livres de la bibliothèque. Quand ils devenaient «maganés» et qu'ils commençaient à tomber en pièces, on les retirait de la circulation, et, quand il y en avait assez, on les réparait. Un de mes professeurs avait une habileté pour ces choses là. Il me demanda d'aider et c'est ainsi que j'appris comment fabriquer un livre.

Je commençai donc par leur montrer comment on met le papier ensemble pour faire un livre. Je voulais, pour une fois, qu'ils participent, qu'ils soient directement impliqués avec leurs mains et pas seulement d'attendre passivement qu'on le leur mette dans le bec tout cuit. J'expliquai comment on plie le papier en sections de livres qu'on appelle des «octos», je crois, comment on les relie avec du fil, à la tranche, comment on colle le couvercle à la tranche, et qu'on colle à ce couvert, la première et la dernière page pour rendre le tout plus fort.

Je commençais à gober leur attention. Pour compléter le tout, je leur demandai d'inclure une table des matières et de décorer le couvert d'un dessin, en couleur, de préférence. C'était beaucoup demander, mais je les savais capables de s'acquitter de cette tâche. Une fois de plus, j'avais toute leur attention. Enfin, j'ai commencé à parler de la partie de l'écriture elle-même.

La partie la plus difficile, je crois, lors de l'écriture d'un roman, est de trouver un sujet, une histoire, une intrigue, des personnages, etc. Croyez-moi, je sais combien c'est difficile.

Sachant ce que je sais maintenant sur l'écriture d'un livre, j'aurais pu leur donner l'option d'écrire leur autobiographie au lieu d'un roman. J'ai publié mon autobiographie il y aura bientôt un an, ce qui est un livre de non-fiction. Je n'ai pas eu à inventer quoi que ce soit. C'était, soit de raconter les événements de ma vie, ce dont je me souviens, ou d'écrire un essai sur certaines de mes croyances et de mes théories personnelles que j'arrangeai dans un certain ordre et d'une certaine façon. Pour moi, c'est beaucoup plus facile que d'écrire un roman.

Avec les semaines, ils commencèrent à y croire, certains plus que d'autres, et un groupe de convaincus se forma. Avant que toute la classe soit embarquée, c'a pris presque deux mois. Je ne poussais pas; j'encourageais, d'un regard patient, d'un mot d'encouragement. Je ne forcerais personne. On ne commande pas plus la créativité qu'on ne commande l'amour. Ou, on crée un cadre propice dans lequel l'individu peut créer, ou on paralyse la créativité dans un certain domaine. C'est dans cette atmosphère que l'écriture du roman se déroula.

Après quelques semaines, je me suis tu et les ai laissés travailler. Après 2 mois environ, beaucoup d'entre eux étaient engloutis dans une aventure avec leurs personnages ou leurs héros. Ceux qui n'avaient pas réussi à démarrer encore, se tenaient occupés à essayer. C'était vraiment une expérience de les observer et de faire partie de leur expérience... Je pouvais m'asseoir pour la période toute entière, parfois sans même avoir une demande pour de l'aide. Je m'attendais à beaucoup de leur part, et je le savais. Mais je voulais leur offrir la possibilité de créer et de sentir l'ivresse de créer. De leur imagination, avec leur jus créatif, créer quelque chose venant d'eux seuls...

> **«L'imagination est plus importante que la connaissance.»** (Traduit de l'anglais par l'auteur)
>
> Albert Einstein

Au fil des mois, nous avions un petit club littéraire en quelque sorte. Il y avait un grand éventail des niveaux de création. Certains, à une extrémité du spectre, faisaient tourner leurs roues sans pouvoir sortir de l'ornière du conditionnement imposé par la société, tandis que d'autres étaient vraiment engloutis dans leurs aventures fantastiques. Pour une fois, non seulement ils étaient autorisés à rêvasser en classe, ils étaient encouragés à le faire! Et certains aimaient tellement leur aventure littéraire, qu'ils écrivaient pendant les cours de certains autres enseignants, parce que c'était *le «fun»*! Pour moi, c'est ce qu'on appelle *la participation, l'engagement, la réalisation de soi: le bonheur!*

Je pouvais sentir l'énergie dans la classe. C'était très différent de la plupart des sujets réguliers où les élèves s'ennuient à mort. L'ennui tue les gens. Créer les ramène à la vie, dans un lieu de félicité que nous appelons le bonheur et souvent l'euphorie! Créer, c'est possiblement l'expérience spirituelle la plus intense que nous puissions ressentir !

Ma façon de les aider était de créer une atmosphère propice à la créativité. Ma foi en eux, c'était mon amour pour eux sous sa forme la plus pure. Ils étaient forts de leur créativité étant reconnue et encouragée, *pour une fois!* Ils étaient forts de cette sensation de pouvoir que cette expérience sans coercition rendait possible.

Comme dans tout sujet, il y en a toujours qui sont plus forts que d'autres. Et ceux-là, en l'espace de trois mois, peut-être, avaient déjà une ébauche de roman souvent très intéressante. Et un phénomène auquel je ne m'attendais pas se produisit. Certains romans des élèves les plus prolifiques devinrent comme des romans savons. On se les passait au début de la classe pour voir le dernier épisode écrit depuis les derniers jours. Les romans les meilleurs avaient déjà *un certain succès de librairie en quelque sorte.*

Dans la discipline normale d'une classe régulière, ça aurait constitué un manque à la discipline, et ces élèves auraient été rappelés à l'ordre. Mais j'adorais voir ce signe indiscutable d'un début de succès. Je ne les avais pas surestimés. Ils écriraient un roman! Je ne me faisais pas d'idée; ce ne serait pas tout le monde qui y parviendrait. Des 28 élèves, environ, qui constituaient cette classe, il aurait été illusoire de croire qu'ils pourraient tous y arriver. Et ceux qui n'arrivaient pas à pondre quelque chose de substantiel, me le laissaient savoir. Ils étaient mal à l'aise. Ils voulaient me plaire et s'acquitter de la tâche. J'avais toujours un mot d'encouragement pour eux, et leur disais: «...*fais ton possible, je comprends.*»

Parce que, à ce stade de leur aventure, ils n'y travaillaient pas dans ma classe seulement, mais dans les classes de d'autres enseignants, et à la maison, le soir, à ce qu'il semblait. Dans une classe normale, cette frénésie d'échanger et de lire les dernières créations de leurs ami(e)s aurait été refrénée tout de suite. Mais pour avoir une classe normale, on a besoin d'un enseignant normal. Or, je n'étais pas un enseignant «*normal*» et ce n'était pas une classe «*normale.*»

Je me rappelle avec beaucoup de satisfaction, qu'en un beau matin de mai, vers le 20, je crois, je déposai sur le bureau de mon principal, Georges H. une pile haute comme ça... de beaux livres fabriqués aux éditions «*9ième classique de Carleton.*» Il n'y a pas beaucoup de principaux d'école qui peuvent se vanter d'avoir vu, sur leur bureau, 22 romans écrits en une seule année dans leurs murs. De ce que j'ai su, il n'y avait pas d'autres écoles qu'on sache avoir égalé ou battu ce record. Aux derniers comptages, seulement 5 ou 6 de ces élèves n'avaient pas réussi à écrire quelque chose satisfaisant la définition d'un roman.

Je me souviens de l'un d'entre eux qui se sentait bien coupable pour n'avoir réussi qu'à écrire de petites histoires courtes de cinq ou six pages. Il est mort quelques années plus tard d'un accident de motocyclette. Il s'appelait Jean-Claude. Il était gentil et très attachant. La dernière chose que j'aurais voulue, aurait été de le faire sentir coupable...

À la fin de mai, début de juin, une maison d'édition étant de passage dans l'école pour une exposition du livre, je crois, entendit parler de ces jeunes et de leurs «*exploits*» et demanda à voir ces romans. Il est très difficile de trouver des romans écrits pour les 13-15 ans, me dit-on, et furent intéressés, au point d'offrir à trois d'entre eux, de publier leurs romans.

Les maisons d'édition, ayant à risquer leur cou quand ils publient un livre, se chargent de le rendre «*commercial*», de plusieurs façons. Ils peuvent insister qu'on en change le titre ou qu'on chambarde l'ordre des chapitres. Et je peux comprendre jusqu'à un certain point. Les trois élèves refusèrent de se prostituer pour faire plaisir au gros capitaliste.

Finalement, la maison d'édition leur aurait offert: publication sans corrections. Ces trois élèves, auraient refusé! C'est ce que l'on m'a appris après que le tout fut fini et que la maison d'édition soit retournée à Québec, je crois. J'ai trouvé très surprenant que l'on ne m'ait point contacté à ce sujet. Je crois que mes élèves méritaient que je sois là, puisque c'était du travail d'équipe et que j'y avais joué un rôle important!

Cette aventure d'aider un groupe de jeunes à écrire ces romans, demeurera mon plus beau souvenir de mes quelques années d'enseignement. J'en parle encore avec enthousiasme, comme si je les avais écrits moi même.

Ici, j'ai une confidence à vous faire: de tous ces romans, je n'ai pas le mérite d'avoir donné une idée d'intrigue, une tournure de phrase, rien concernant leur création. Je les ai aidés en leur expliquant le contenant, mais rien du contenu. Rien! Pas un iota. Je voulais que le mérite de leur roman soit le leur, uniquement. J'ai été beaucoup triste que les trois élèves à qui on avait offert de publier leurs romans aient tous les trois refusé. Et je crois avoir compris.

L'école leur dit tellement souvent qu'ils sont stupides et les traite souvent comme s'ils étaient stupides, qu'ils finissent par le croire. En d'autres mots: «*Si je suis stupide, comment pourrais-je produire quelque chose de valable?*» C'était la réflexion triste que je m'étais faite... Mais je savais qu'un jour ils réaliseraient que ce qu'ils avaient fait était loin d'être stupide. Et ils deviendraient fiers d'eux-mêmes, comme je le suis encore, 48 ans plus tard. Je serais curieux de savoir combien d'entre eux ont écrit un second livre et l'ont fait publier?

Ayant déménagé de Carleton 6 ans plus tard, pour venir vivre à Vancouver, je n'ai pas eu l'occasion de suivre leur cheminement. Je sais que Claude L., qui avait écrit un roman que je trouvais bien, me confia en 2002, je pense, qu'il avait écrit la généalogie de sa famille et l'avait fait publier. Il avait gardé d'excellents souvenirs de l'écriture de son roman écrit à l'âge de 14-15 ans. Ça me faisait chaud au cœur d'entendre ses mots. Claude était très intelligent et très doué.

Un jour qu'il était dans mon bureau, 3 ou 4 ans plus tard, pour discuter d'activité scolaire quelconque, il griffonnait sur un papier dans un cahier, sans que je puisse voir ce qu'il griffonnait. À la fin de la conversation, tout bonnement il me tendit le papier en question: c'était une caricature de moi! Cette caricature est si bonne que je l'ai encore dans ma boite aux trésors et je me fais un plaisir de la partager avec vous. Chapeau Claude!

Caricature

C'était signé: Claude Lucier

En 1984, je me trouvais dans un salon funéraire dans mon village de Nouvelle, en Gaspésie, à la suite de la mort de Stuart, le frère de ma belle-sœur, Lizzie. Je le connaissais bien et j'avais enseigné à deux de ses fils, et à sa fille. Quelqu'un m'aborda en souriant. *«Vous souvenez vous de moi»* me dit-elle? C'était une belle jeune femme d'une trentaine d'années dont le visage m'était familier, mais que je ne pouvais pas identifier. C'était une de mes anciennes élèves. Ça je le savais. Elle finit par me dire son nom et ajouta:

«J'étais dans votre classe en 9ième classique, et vous nous aviez fait écrire un roman.»

Je l'enlaçai tendrement pour un moment, et on commença à revisiter les bons moments de cette 9ième classique. Elle avait été mariée et divorcée, avec deux enfants, si ma mémoire est bonne. Elle faisait carrière dans le service social. Après quelques minutes de conversation elle m'annonça:

«Je retourne à l'université cet automne.»

Quand je lui demandai dans quelle branche, elle me répondit:

«En écriture créative.»

Et sans attendre ma question elle continua:

«D'écrire ce roman en 9ième année fut la chose que j'ai faite qui m'a rendue la plus heureuse de ma vie.»

Des moments comme ça dans la vie d'un enseignant ne sont pas très fréquents, et j'en fus très touché. J'avais contribué à changer la vie d'un individu, de cette jeune fille, devenue femme, très bien articulée, et qui savait ce qu'elle voulait dans la vie. Ça fait de cela 30 ans et je n'en ai jamais réentendu parler. J'aimerais bien rencontrer cette classe de 9ième classique. Il serait intéressant d'échanger avec eux, nos expériences de vie, nos souvenirs de l'écriture de ce roman de 9ième classique, de qui a encore son roman, qui a publié un ou des livres, etc. etc. Aussi il serait intéressant de leur demander leur point de vue sur l'enseignement d'alors, et, sur celui d'aujourd'hui.

Ils ont tous environ 62-63 ans, certains peuvent être morts, comme Jean Claude, la majorité mariés et certains divorcés, avec des enfants et des petits enfants dans certains cas... Quelle évolution entre les petits visages de la classe de la 9ième classique de 1966 et ce groupe d'adultes, en charge de familles, eux-mêmes en proie aux malaises du siècle. Je les entends parler de la jeunesse d'aujourd'hui, comme je le faisais moi même, il y a 48 ans...parlant d'eux!

27

École à la maison vs déscolarisation???

«La maison est le premier et l'endroit le plus efficace pour apprendre les leçons de vie: ...rien ne peut prendre la place du foyer dans l'élevage et l'éducation des enfants, et aucun autre succès peut compenser l'échec au foyer.» (Traduit de l'anglais par l'auteur)

David O. McKay

Motivé par les nombreux problèmes réels ou perçus de notre système scolaire public, certains parents choisissent de ne pas inscrire leurs enfants à l'école. Au lieu de cela, ils choisissent de les garder à la maison et de prendre eux-mêmes la responsabilité de leur éducation. C'est ce qu'on appelle l'école à la maison. Les enfants suivent le programme scolaire et sont évalués par le système scolaire afin d'obtenir leurs notes de passage pour la prochaine année. Ce n'est pas pour tous les parents et pour une bonne raison. Ça requiert beaucoup de temps et il faut être une personne ressource. Dans la plupart des cas, c'est la mère qui en prend la charge sur ses épaules et qui choisit de mettre sa carrière en veilleuse. Cependant, l'école à la maison n'est pas acceptée dans tous les pays.

Parmi les pays où l'école à la maison est légale et où elle est plus répandue, on trouve l'Australie, le Canada, la Nouvelle-Zélande, le Royaume-Uni, et les États-Unis.

Elle a été interdite en Suède et en Allemagne. Il est facile de comprendre que cette pratique soit controversée, et cela, pour de nombreuses raisons. Si nous acceptons l'argument de John Taylor Gatto disant que l'écolisation obligatoire a un agenda caché, qui est de préparer une génération de gens faciles à gérer, en tant que citoyens, employés d'usine, soldats, etc., nous avons de bonnes raisons de douter de la validité du système scolaire.

Comme mentionné précédemment, le système scolaire est une combine délibérée:*«...pour équiper l'élève, non pas avec la capacité de peser des idées, mais simplement avec un appétit pour engloutir des idées toutes faites. L'objectif est de produire des «bons» citoyens ...dociles et qui ne posent pas de questions.»* (Traduit de l'anglais par l'auteur)

HL Mencken

Une des fortes objections à l'école à la maison, est le manque présumé de socialisation des enfants. Il s'avère que cette crainte soit dénuée de tout fondement. Très souvent, ils ont des activités organisées avec d'autres étudiants à la maison, et font de fréquentes excursions et ont plus d'opportunités de passer du temps avec des *vrais* amis et avec la famille.

Pour ceux qui ne sont pas sûrs de la différence entre l'école à la maison et la déscolarisation, Sarah Boesveld, dans le National Post, nous apprend que la déscolarisation c'est:

«...un concept qui n'offre aucun curriculum à conquérir, aucun niveau de qualité à passer, pas de règles à suivre. Alors que l'école à la maison apporte la classe à l'intérieur du foyer, la déscolarisation abandonne tout à fait les études formelles.» (Traduit de l'anglais par l'auteur)

Et sans perdre un instant elle ajoute: *«Vous supprimez les murs de la classe, et le monde devient votre espace d'apprentissage.»* (Traduit de l'anglais par l'auteur)

Au risque de me répéter, je crois fermement et suggère aux autorités du système scolaire qu'il y a une meilleure façon que de remplir la tête des enfants avec de la connaissance douteuse. Nous devons essayer d'exposer les enfants à des environnements et des situations dans lesquelles ils pourront, par eux-mêmes, expérimenter la vie, se découvrir eux-mêmes et leur potentiel quasi illimité.

Grâce à leur désire d'apprendre, qui est inhérent à leur nature, ils auront l'opportunité d'apprendre de façon naturelle. Et par façon naturelle, je veux dire la façon dont leur être a été conçu et non pas la façon dont *l'establishment* a choisi d'interférer avec la nature humaine pour ses propres intérêts capitalistes égoïstes.

«Les illettrés du 21ème siècle ne seront pas ceux qui ne savent pas lire et écrire, mais ceux qui ne savent pas comment apprendre, désapprendre et réapprendre.» (Traduit de l'anglais par l'auteur)

Alvin Toffler

Je ne saurais être plus d'accord avec lui! Si nous arrêtons de tripoter avec la curiosité naturelle et l'appétit pour l'apprentissage qui sont fondamentaux pour tous les enfants, compte tenu des outils électroniques modernes, maintenant à la disposition des enfants des pays industrialisés, ils doivent apprendre ce qu'il leur faut savoir pour faire face à ce qui s'en vient dans un futur très rapproché.

Et ce qui s'en vient, nous ne le savons pas plus qu'eux, et probablement moins. Mais la cybernétique et l'informatique en seront le véhicule. Quand on sait comment apprendre, on saura probablement comment s'adapter à l'avenir en constante évolution qui nous attend. Ce à quoi la vie ressemblera sur la terre dans dix ans, on ne peut qu'en faire des projections. Personne ne le sait vraiment!

Dans son blog *The Path Less Taken,* (*Le sentier le moins employé*), Jennifer Mc Grail nous dit que les enfants qui sont déscolarisés ne sont pas sous la pression de l'apprentissage et ridiculisés s'ils ne réussissent pas bien. Apprendre:

> «...*C'est ce que tous les êtres humains font, à moins que, comme beaucoup d'entre nous, ils aient eu leur amour naturel de l'apprentissage écrasé quand ils étaient jeunes parce qu'on leur disait comment, quand et quoi apprendre.*» (Traduit de l'anglais par l'auteur)

28

L'Inertie Socioculturelle

«Les chaînes des habitudes sont trop faibles pour être ressenties jusqu'à ce qu'elles soient trop fortes pour être brisées.» (Traduit de l'anglais par l'auteur)

Samuel Johnson (1709-1784)

Ça été dit encore et encore: «*Nous sommes des animaux sociaux.*» Nous avons tendance à vivre en groupes, lesquels, vus dans leur ensemble, nous appelons des sociétés. Qu'est-ce que l'inertie-qui est une propriété des masses en mouvement ou au repos- a à voir avec les sociétés et leurs cultures? Pour nous rafraîchir la mémoire à propos de cette notion d'inertie, voici une définition de Wikipedia:

> *«L'inertie est la résistance d'un objet physique à un changement dans son état de mouvement ou de repos, ou la tendance d'un objet à résister à toute modification de son mouvement (y compris un changement de direction).»* (Traduit de l'anglais par l'auteur)

Vous pouvez voir l'analogie entre un objet qui résiste à une modification dans sa direction et une société qui résiste à une modification dans le choix de ses sentiers battus ou sa culture incrustée. En tant que membres de cette société, nous sommes des créatures d'habitudes.

Non seulement il nous est difficile de changer certaines de nos habitudes quand nous le voulons, *mais la plupart du temps, nous ne le voulons pas.* Si nous acceptons ça comme une vérité, pourquoi ne le voudrions-nous pas, surtout quand nous sommes d'accord que ça nous serait bénéfique?

Il ya probablement plus d'une cause à ce comportement surprenant. Mais, en définitive, c'est la peur de l'inconnu par rapport au confort du statu quo qui nous fournit une sorte de doudou psychologique. Il est plus facile de suivre les sentiers battus que le sentier non familier des non-conformistes.

Nous avons tendance à nous sentir plus en sécurité quand nous suivons la gang, même si son comportement est destructif comme dans le cas d'oppression, de racisme ou de guerre. *«Le nombre fait la force,»* est un slogan qui s'est imprimé dans notre psyché, probablement depuis des temps immémoriaux. C'était probablement plus vrai alors, que ça l'est maintenant.

J'ai tendance à croire que ce n'est plus le nombre qui nous fournit la force réelle par rapport à la force perçue. Je crois plutôt que c'est une déprogrammation et une certaine connaissance qui peut nous procurer la sécurité.

Connaissance de soi d'abord et connaissance de l'autre, par extension; ils sont connectés. Nous ne pouvons pas avoir l'un sans l'autre. Et pour moi, c'est la plus importante forme de connaissance accessible à l'homme. Durant mon enfance j'ai souvent entendu une phrase de l'évangile qui disait: ***«Que sert à l'homme de gagner l'univers s'il vient à perdre son âme?»***

Je suis d'accord que ça ne vaut pas la peine de perdre son âme pour un gain matériel. Cependant, je ne crois pas avoir la même définition de *«l'âme»* qu'ils ont... La mienne est équipée d'une longe... qui vous garantit que vous ne la perdrez jamais. Donc, je parodie cette citation et je l'adapte à mes croyances:

«Que sert à l'homme de tout connaître s'il ne se connait pas lui-même ni son semblable?»

Le courant culturel en vogue était de motiver les gens vers l'acquisition de connaissances, spécialement, les mathématiques, l'histoire, la géographie et les langues. Avec le temps, ç'a fini par devenir une sorte de passeport de la haute société. Nous avons même vu des vagues de pédanterie ou une sorte d'affectation dans la façon de parler et d'écrire.

Même de nos jours, un individu est toujours considéré comme moins que compétent s'il n'a pas de certificat de 12e année; ça, pour moi, ça ne veut rien dire. Une 12e année ouvre des portes pour certains premiers de classe, dans la poursuite d'une éducation scolaire supérieure, mais ça ne garantit en rien le succès ou le bonheur.

Et ça ne dit rien du potentiel de l'individu. Regardez Jésus, en autant que nous le sachions, *il ne savait même pas ses tables de multiplication ou comment écrire son nom...* Je suis surpris que notre culture ne l'ait pas traité de *retardé!* Dans notre société moderne, il ne serait pas qualifié pour faire le travail de vidangeur...

Cette inertie culturelle est commune à tous les peuples de la terre. De bien des façons, c'est une combinaison d'endoctrinement et d'insécurité. Nous trouvons un sentier utilisé par la majorité, et nous acceptons de le suivre, en dépit du fait que, très souvent, il ne nous convient vraiment pas.

Mais, pour notre tranquillité d'esprit et la fausse sécurité qu'il nous procure, nous sommes prêts à renoncer à suivre notre propre étoile et ne jamais devenir qui nous sommes vraiment. En ce faisant, nous nous trahissons nous-mêmes. En un mot, nous nous prostituons en grande partie pour une fausse sécurité à cause de notre peur de l'inconnu!

C'est pourquoi il est si difficile de mobiliser les gens dans quelque chose de nouveau comme dans un système scolaire dans lequel nous n'utilisons pas notre autorité pour intimider nos enfants pendant 12 ans de leur vie bourgeonnante. Ça explique pourquoi il a fallu plus de 7 ans pour implanter une «École de qualité» à Moncton au Nouveau-Brunswick, Canada.

La même inertie socioculturelle explique pourquoi l'homme, après des centaines de milliers d'années d'évolution ou de stagnation, n'a pas encore appris à coexister harmonieusement avec ses frères de la terre et leur fait encore la guerre.

Alors, qu'est-ce que je dis? Est-ce que ce serait perdre notre temps que d'essayer de changer la culture dans notre société? Autant ça exigerait beaucoup d'efforts de notre part et que cela prendrait un certain temps, ça peut se faire, une étape à la fois, si l'on applique de l'amour et de la coopération à la bonne place.

> *«L'habitude est l'habitude, et ne doit pas être jetée par la fenêtre par l'homme, mais amadouée à descendre en bas une marche à la fois.»* (Traduit de l'anglais par l'auteur)

Mark Twain (1835 - 1910)

Le pire endroit où nous pourrions essayer d'apporter quelques changements, –tout changement- serait de s'attendre à ce que le gouvernement change. Cela n'arrivera pas jusqu'à ce que nous, en tant que citoyens, changions! Le deuxième pire endroit serait les religions. La plupart sont supposées être intéressées par les sciences humaines, mais à la façon des cultes. Elles jurent toutes qu'elles ont *La Vérité* ...et qu'elles sont les seules à l'avoir!

Le troisième pire endroit est l'école, mais, en même temps, le plus plausible. C'est un endroit très important, parce que dans l'école, nous avons des enseignants et souvent, des enseignants qui sont aussi des parents. Le fait que nos écoles aient besoin de tellement de changements systémiques n'est pas la faute des principaux d'école, des enseignants ou des parents. Ils sont victimes d'une façon politique et capitaliste-de la part des gouvernements-de regarder les enfants d'abord comme un atout futur pour l'industrie, et comme un troupeau facile à gérer comme électeurs et soldats! Enfin le dernier endroit, et le plus important, c'est la famille.

Pourquoi la famille? Laissons-nous rêver pour un moment, et prétendons que le gouvernement décide de fixer le problème de la scolarisation obligatoire. D'abord, ils passent une nouvelle loi rendant l'école non obligatoire. Certes, certains enfants cesseraient d'y aller. Je ne sais pas combien importante serait l'exode de l'école. Je suppose que, au début, il pourrait être assez important. Finalement, cependant, les choses reviendraient à **l'anormal**. *(J'ai failli dire à la normale...)*

L'école serait encore un camp de concentration, mais sans les fils barbelés mentaux. Maintenant, ne voulant pas perdre tous les élèves et paraître mal, les enseignants amélioreraient peut-être leur attitude avec les étudiants. Ils ne pourraient pas se permettre d'être misérables et de les intimider, parce que les étudiants pourraient laisser la classe dans le milieu de la phrase de l'enseignant et lui indiquer *d'aller se faire foutre*.

Les enseignants qui étaient adeptes de la coercition, perdraient probablement beaucoup d'élèves de leur classe, à moins qu'ils ne changent leur approche. Mais la plupart des enseignants ne connaissent pas d'autre approche. Ou plutôt, ils ne sont pas prêts à essayer une autre approche. Ils croient que sans l'approche coercitive ils viendraient de perdre leur fouet!

Eh bien, il y a une bonne conclusion à cette histoire. En 1993, William Glasser fondait la première «*École de Qualité*» dans le monde. Elle est encore en activité à ce jour à Huntingdon, Wyoming, aux Etats-Unis et il y en a d'autres aux États-Unis et dans beaucoup de pays à travers le monde. Voyons ce qu'il appelle une «École de Qualité».

29

Les «Écoles de Qualité»

«Je ne pense pas que nous nous débarrasserons des écoles de sitôt,...mais si nous allons changer ce qui devient rapidement une catastrophe de l'ignorance, nous devons réaliser que l'institution «scolarise »très bien, mais elle n'«éduque» pas.»

John Taylor Gatto

John Taylor Gatto était un professeur d'école qui a remporté le trophée d'«*Enseignant de l'année*» quatre fois, pendant qu'il enseignait dans l'état de New York. Après trente années d'enseignement, il a quitté et a commencé à faire le tour des États, et donner des conférences sur le système scolaire américain et ce qu'il en pense.

Nous partageons le même point de vue d'une école genre prison, basée sur un conditionnement mental corrosif, ayant comme résultat une chaîne de montage où le produit final est une personne diminuée et assujettie. Cette chaine de montage, dans la plupart des cas, délivre un individu *«fittant»* l'agenda politique et industriel de *l'establishment.*

Ça m'arrivait comme une brise d'air frais. Wow! Il a publié un livre intitulé: *«Dumbing us down!»* ou, *Nous abrutissant!* Il avait en sous-titre: *«The hidden Agenda of compulsory schooling.»*, *L'agenda caché de la scolarisation obligatoire.*

Selon le Dr William Glasser, et tel qu'appliqué dans ses Écoles de Qualité, après la 3e année et la mémorisation des tables de multiplication, la mémorisation *n'est plus requise ni récompensée!* Et le succès de ses Écoles de Qualité a été largement démontré à travers le monde.

Je crois que nous avons le devoir moral de nous renseigner plus en profondeur sur un sujet qui a le potentiel de changer la vie de nos enfants, notre vie et l'évolution future de la société dans son ensemble. Dans les deux derniers siècles, par le biais de l'endoctrinement, nous avons réussi à abrutir presque tout le monde de presque tous les pays.

Les gouvernements avec la propagande et la fausse information ont contrôlé les populations de tous les pays. La scolarisation obligatoire et coercitive a joué un rôle majeur dans l'abrutissement des populations. Certaines religions ont utilisé l'endoctrinement avec des demi-vérités, des enseignements purement phallocrates et le lavage de cerveau pour contrôler leur fidèles.

Ce faisant, elles ont encouragé la soumission et l'exploitation des femmes partout dans le monde et elles le font toujours dans la plupart des régions du monde. Fort heureusement, avec le mouvement de libération, les femmes ont *presque* retrouvé leur statut d'égalité avec les hommes dans certains pays industrialisés.

Il ya encore du travail à faire, mais, en tant que société, nous, avons fait un grand pas dans la bonne direction. Voici l'exemple d'une femme qui a décidé, comme bien d'autres, de prendre la responsabilité d'éduquer ses enfants à la maison sans suivre aucun curriculum scolaire (...la déscolarisation).

> *«Mes enfants sont ce qui compte pour moi. Et à la fin de la journée, s'ils s'endorment heureux, confiants et sachant avec toutes les fibres de leur être qu'ils sont aimés, valorisés et respectés, alors j'ai fait ma job.* (Traduit de l'anglais par l'auteur)
>
> Jennifer McGrail, Le sentier le moins employé.

Qu'en serait t-'il, si, pour chaque année passée à l'école, du début de la maternelle, chaque enfant avait été l'objet de respect de la part de tous les enseignants, quoiqu'il arrive, pour chaque minute de chaque jour. Le respect de soi et des autres n'aurait-il pas imprégné l'atmosphère de l'école et influencé nos enfants et leurs parents de façon positive? Et si cette atmosphère de respect mutuel avait continué d'exister de la première à la douzième année, pouvez-vous entrevoir la possibilité que peut-être,-*juste peut-être*-, on aurait moins de problèmes sociaux aujourd'hui? Moins de problèmes d'alcool et de drogues, moins de violence, moins de suicides, ***peut-être?***

Si de telles conditions existaient aussi à la maison, ça renforcerait vraiment cette atmosphère de respect de soi et des autres, que les enfants ont besoin d'apprendre afin de parvenir à une actualisation de soi authentique et qui débouche sur le bonheur.

Naturellement, nous ne disposons pas de statistiques pour confirmer ou infirmer la véracité de mon hypothèse. Maintenant, le contenu du curriculum est très important. Eh bien, si vous me le permettez, je vais reformuler mon argument: le contenu du curriculum *devrait* être très important pour les étudiants, d'abord. Mais jamais aussi important que *l'esprit dans lequel il est présenté aux étudiants!*

Si le ministre de l'Éducation de la Colombie-Britannique ou de toute autre province, d'ailleurs, décidait de lire mon livre, il serait vite à condamner mes théories et tenterait de nous rassurer, vous et moi, que le Canada a l'un des meilleurs systèmes d'éducation au monde, et bla, bla, bla!

Le ministre de l'éducation pourrait avoir raison. Mais cela pourrait signifier que les systèmes d'éducation du monde n'ont rien à se vanter! Là encore, je reconnais le fait que tous rendent possible l'apprentissage d'écrire de lire et de compter dans les trois premières années.

Où j'ai un problème, ce n'est pas d'abord ce qu'ils délivrent ou pas en matière de connaissance. Ce n'est pas le quoi, c'est le comment! S'ils pouvaient délivrer un doctorat après la 12ième année, je verrais encore notre système d'éducation comme extrêmement déficient et une usine d'abrutissement! Je suis totalement en désaccord qu'on traite les enfants différemment à l'école qu'à la maison.

Il n'ya aucune raison de ne pas essayer de traiter les enfants de manière à ce qu'ils se sentent aimés, valorisés et respectés en tout temps. Et si nos écoles ne peuvent pas fournir ces conditions préalables à l'éducation, elles devraient fermer leurs portes et examiner sérieusement leur façon d'opérer!

Une option que tout le monde a, c'est de demander l'implantation généralisée des «Écoles de Qualité». C'est de loin la meilleure option disponible pour tout le monde dans un avenir plus ou moins lointain. Nous avons besoin que plus de personnes prennent l'entrainement de base et avancé en RT et CT de Glasser pour devenir des conseillers certifiés. L'un d'eux, avec la collaboration d'un principal d'école, peut commencer le processus d'implantation d'une «École de qualité» dans l'une des écoles actuelles.

Cet entrainement intense, pris surtout durant les week-ends, ne peut être complété dans une période de moins de 18 mois. Pris à temps plein, ça prendrait environ quatre semaines. Mais apprendre à penser et à faire affaire différemment avec les autres, ne se fait pas du jour au lendemain! Ça explique la période de 18 mois minimum.

Ainsi, avant l'implantation du système des «Écoles de qualité», nous devons implanter cette nouvelle façon de penser et de se comporter avec les autres, surtout avec les étudiants. Il faut une certaine préparation de la part des principaux d'école, des enseignants, des étudiants et même des parents.

D'abord, tout le personnel y compris les concierges et les chauffeurs d'autobus doivent se familiariser avec la théorie de la gérance avec leader d'Edward Deming et avec les principes de RT et CT de William Glasser.

La philosophie de gérance avec leader d'Edward Deming, c'est de renoncer à l'emploi de la coercition dans tous types de relations avec les autres: au travail, à la maison et à l'école. L'enseignant n'est plus un patron à craindre, mais un guide et un assistant pour l'étudiant.

D'abandonner la contrainte exige de changer certaines façons de penser et de faire qui sont profondément incrustées en nous. La plus importante et la plus erronée de ces façons de penser, c'est la conviction que «*l'utilisation de la contrainte avec les enfants est nécessaire pour garder le contrôle de la classe et que c'est même bon pour eux.* Ça leur enseigne l'obéissance à l'autorité et la discipline...*disent-ils.»*

Qu'ils apprennent à obéir, ils n'en ont pas le choix. Quant à apprendre la discipline, c'est complètement faux, comme nous l'avons vu déjà. Le bossage doit s'arrêter complètement, de la part de tout le monde, à la maison et à l'école. Et c'est un point sur lequel les enseignants, surtout, ne sont pas d'accord. Comment pourraient-ils garder l'ordre et le silence nécessaires pour enseigner?

Tout ce qu'ils ont à faire, est de rechercher ce qui a été et continue d'être fait dans de nombreux pays à travers le monde, y inclus le Canada. Cela devrait les convaincre et les rassurer que dans ce système d'«École de qualité», la discipline est moins un problème que dans le système scolaire classique. En fait, la discipline dans la classe n'est pas un problème pour l'enseignant dans l'«École de qualité». L'enseignement devient beaucoup plus détendu à la fois pour les enseignants et pour les étudiants.

Et ce dont je parle ici n'est pas un rêve en couleur. Il ne s'agit pas de théories: ce sont des faits vérifiables. C'est une réalité pour certains parents, les enseignants et les enfants dans de nombreux pays à travers le monde en 2014, en ce moment! Un point important à souligner est le fait que cela ne coûte pas plus cher aux contribuables et que, par conséquent, le gouvernement ne s'y oppose pas.

Je ne suis pas anthropologue, mais si vous me demandez quel est le problème numéro un dans la société, je dirais ...que je n'en suis pas sûr, mais que je crois vraiment que c'a quelque chose à voir premièrement avec la coercition et deuxièmement avec l'endoctrinement ...ou vice versa. Nous trouvons ces deux coupables dans tous les pays à travers le monde et nous savons quel genre de sociétés ils promeuvent.

Une bonne façon de voir la possibilité que cela puisse fonctionner, est de se rappeler comment les principes de William Glasser, appliqués dans ses «Écoles de qualité», changent ces écoles complètement. Ou mieux encore, allez visiter une de ses écoles s'il y en a une dans votre voisinage et vous vous rendrez compte que tout n'est pas perdu.

L'esprit humain est très résilient et prêt à rebondir, si on lui en donne l'opportunité. Pour savoir si il ya une telle école dans votre région, consultez l'Institut William Glasser sur le web et informez-vous de la location des «Écoles de qualité» et vous devriez trouver. Celle de votre région, s'il y a lieu, pourrait ne pas être encore certifiée.

Il faut de nombreuses années d'efforts afin de transformer une école ordinaire en une «École de qualité». Au Canada, la seule accréditée que je connaisse, est située à Moncton, au Nouveau-Brunswick, et il a fallu de nombreuses années avant qu'elle soit certifiée. Dans ces «Écoles de qualité», le taux de décrochage et le harcèlement sont presque inexistants. *Mais les étudiants sont respectés en tout temps, en tout lieu, quoi qu'il arrive!*

William Glasser est un psychiatre très bien connu et respecté dans le monde entier. Il est bien connu pour ses méthodes efficaces en psychiatrie et son investissement élaboré dans l'éducation de l'enfant qui a abouti à la création et la mise en œuvre des «Écoles de qualité». Son implantation des «Écoles de qualité» aux Etats-Unis, au Canada et dans de nombreux pays partout dans le monde est très bien connue et documentée par la publication de quelques livres sur le sujet. Un de ces livres que je vous recommande s'appelle: *The Quality School: Managing Students without Coercion, ou, Les Écoles de qualité: gérer les étudiants sans coercition.*

La différence entre une école ordinaire et une «École de qualité» n'est pas tellement dans le contenant, la salle de classe, mais dans le contenu ou l'atmosphère dans la classe. Il n'y a pas de mémorisation exigée ni récompensée après la 3ième année et l'étude des tables de multiplication. Il n'ya pas de note inférieure à un B.

Un «B» signifie un travail compétent. Tout ce qui n'est pas encore considéré comme un travail compétent, reçoit une note de «travail inachevé». Tous les tests sont effectués avec livres ouverts. Vous obtenez seulement les notes si vous comprenez la matière enseignée. Personne n'est envoyé chez le principal ou renvoyé de l'école. Seuls les sujets pertinents sont enseignés en classe.

Tout sujet qui n'était pas utile pour vous dans la vie, a été retiré du programme. Et il n'ya pas de devoirs à la maison imposés. Vous pouvez choisir d'en amener, si vous le voulez, pour rattraper dans un sujet de votre choix.

L'école n'appellera pas vos parents si vous vous comportez mal en classe. Tout problème qui se passe dans l'école est réglé dans la classe par un comité composé de membres de la classe et de l'enseignant.

Si vous commencez à déranger régulièrement, vous aurez la possibilité de rencontrer un conseiller qui parlera avec vous, comme à un ami. Il s'entretiendra avec vous et essayera de vous aider jusqu'à ce que vous soyez prêt à rejoindre le groupe.

Il ya habituellement des raisons pour lesquelles un étudiant commence à déranger dans la classe et souvent il s'agit d'un problème à la maison pour lequel il a besoin d'aide et de soutien. Pas du chantage, pas d'être ridiculisé, pas d'être rabaissé ou même *d'être harcelé par l'enseignant*. Cela n'a jamais aidé et n'aidera jamais!

30

Un Enseignant

«Si un pays est pour être exempt de corruption et devenir une nation de beaux esprits, je crois fermement qu'il y a trois membres clés de la société qui peuvent faire une différence. Ce sont le père, la mère et l'enseignant.» (Traduit de l'anglais par l'auteur)

Abdul Kalam

J'ai fait référence à la fonction de l'enseignant en tant que coparent. Les parents d'un enfant, confiants au point d'accepter de le laisser à la charge d'une école où des étrangers dicteront chaque mouvement de l'enfant et l'endoctrineront pendant 6 heures par jour, et cela, pendant 12 ans, font preuve d'assujettissement et d'irresponsabilité.

L'éducation commence à la maison et je félicite les parents qui reconnaissent qu'eux-et pas quelqu'un d'autre- doivent assumer la responsabilité de s'assurer que leurs enfants soient bien éduqués. (Traduit de l'anglais par l'auteur)

Ernest Istook

Comme tout autre organisme gouvernemental, le système scolaire, la Commission scolaire et l'école ne devraient inspirer confiance à ceux qui ont la responsabilité du bien-être de l'enfant: les parents. *Pas le gouvernement, pas la Commission scolaire, et pas les enseignants!* Le gouvernement essaie de faire fonctionner le système scolaire pour un nombre minimal de dollars avec aussi peu de plaintes des électeurs que possible.

Nous devons réexaminer le système scolaire qui, en grande partie, fonctionne comme tout autre ministère du gouvernement. Ils (les ministres) ne se soucient pas davantage de l'éducation qu'ils se soucient de vous et de moi; ils se soucient de se faire réélire...

Ils veulent être réélus parce qu'ils ont soif de pouvoir. Ils ont soif de pouvoir parce qu'ils ont un ego énorme. Certains d'entre eux sont probablement sociopathes!

> *«Oui, les politiciens sont plus susceptibles que les personnes dans la population générale d'être sociopathes. Je pense que vous ne trouverez pas un expert dans le domaine de la sociopathie/ psychopathie/personnalité antisociale qui contesterait cela...»* (Traduit de l'anglais par l'auteur)

> Dr Stout, Huffington Post

Revenons à notre enseignant. Si nous croyons que les trois membres clés de la société qui peuvent faire une différence sont le père, la mère et l'enseignant, enlevons tous les autres de l'équation. Supposons que le père et la mère sont de bons parents.

Je reviendrai plus tard pour donner ma définition d'un bon parent. Nous avons donc deux tiers de l'équation en place: le père et la mère. Maintenant nous avons besoin d'un bon professeur pour compléter l'équation. Qu'appelle-t-on un bon professeur?

Je pourrais m'embarquer dans une longue diatribe et utiliser beaucoup de «*pathos*»! Mais je vais vous épargner *la bull shit!* Il y a seulement une sorte d'enseignant. Parce que ce que nous appelons un mauvais professeur est tout, sauf un enseignant. Il/ elle ne mérite pas le nom d'enseignant!

Par conséquent, un bon professeur ou un enseignant, en bref, est une personne avec intégrité personnelle qui possède certaines aptitudes et attitudes. Il/elle doit aimer les enfants *inconditionnellement* et il ne doit pas recourir à la coercition dans la classe ou ailleurs, en leur présence.

«Nous avons découvert que l'éducation n'est pas quelque chose que l'enseignant fait, mais qu'elle est un processus naturel qui se développe spontanément dans l'être humain.» (Traduit de l'anglais par l'auteur)..

Maria Montessori

Si vous trouvez un tel enseignant dans la vie de votre enfant, traitez-le avec beaucoup de respect. Parce que vous, les parents, et lui, pouvez former ensemble *l'équipe la plus importante sur terre vers l'actualisation d'un véritable être humain: votre enfant.*

Quant à la définition d'un bon parent, ils doivent avoir les qualités de cet enseignant plus l'amour mutuel pour créer une atmosphère d'amour, de paix et de sécurité pour l'enfant. Cet amour entre le père et la mère est de la plus haute importance pour l'estime de soi et l'amour de soi de l'enfant. Si votre enfant a l'estime de soi et l'amour de soi, félicitez-vous mutuellement avec un *«high five»*! Vous venez juste de réussir brillamment à la tâche la plus difficile au monde! *Ensemble avec cet enseignant, vous êtes les artistes les plus rares et les plus recherchés que le monde puisse jamais produire!*

«Chaque mot, chaque expression faciale, chaque geste ou action de la part d'un parent (ou enseignant) *donne à l'enfant un certain message sur sa valeur de soi. Il est triste que tant de parents ne réalisent pas quels messages ils transmettent.»* (Traduit de l'anglais par l'auteur)

Virginia Satir

31

Les relations humaines

«*Si la civilisation est pour survivre, nous devons cultiver la science des relations humaines, la capacité de tous les peuples, de toutes sortes, de vivre ensemble, dans le même monde, en paix.*» (Traduit de l'anglais par l'auteur)

Franklin D. Roosevelt

Afin de cultiver la science des relations humaines, nous pouvons choisir l'une ou toutes nos institutions sacrées: la famille, l'école, la religion, le gouvernement. Comme vous l'aurez deviné, nous pouvons éliminer le gouvernement ...sauf si nous voulons cultiver *la science de la déception!*

Si vous choisissez la religion, il y a une grande chance que vous n'accomplirez qu'un abrutissement des gens par le biais de l'endoctrinement.

La plupart des religions ont de bonnes intentions quand elles disent: «*Tu aimeras ton prochain comme toi-même...* » Je suis d'accord à 100% avec ce bon conseil, mais c'est la seule chose avec laquelle je suis d'accord. Qu'ils abrutissent la masse est un obstacle à la civilisation. En apprenant aux gens à obéir aveuglément à des ordres et à respecter l'autorité, *toute autorité*, nous les préparons à la servilité et à la domestication.

L'establishment recherche ces attributs chez le peuple. Ça leur permet la manipulation sans scrupules des *masses bêlantes...* Ainsi, le gouvernement ne le fera pas, les religions ne le feront pas. Il ne nous reste que l'école et la famille.

Comme nous l'avons vu, l'école, dans son ensemble, avec ses méthodes coercitives, est loin de cultiver la science des relations humaines. Elle pourrait le faire si elle acceptait de renoncer à la coercition et de mettre à la place le modèle créé par le Dr William Glasser et le Dr W. Edward Deming dans les «*Écoles de qualité.*»

Elles sont connues un peu partout dans le monde, mais leur implantation est un long processus qui, jusqu'à maintenant, a été laissé à l'initiative d'une élite de principaux d'école et d'enseignants d'écoles progressistes. Une fois qu'une «École de qualité» a été certifiée, généralement après 5 à 8 ans d'éducation pour déprogrammer les principaux d'école, les enseignants, les parents, les étudiants et tous ceux impliqués avec ces étudiants, nous avons la base pour leur rééducation.

Alors et seulement alors, elle peut enfin appliquer la science des relations humaines sans coercition. Mais pour atteindre ce niveau de civilisation, elle a besoin d'un partenaire: la première institution.

La première institution, c'est la famille. Nous avons complété le cercle. La famille, en ce moment, est la seule de nos institutions qui puisse offrir une certaine qualité des relations en dépit des autres institutions. Si la famille choisit une approche sans contrainte basée sur l'amour inconditionnel pour élever ses enfants, nous assistons à la création d'une cellule de la société avec une touche particulière: c'est une cellule de société vraiment *civilisée.* Tout le reste n'est *qu'un travesti de civilisation!*

Après avoir établi ma conviction que la coercition mène à la chute de la civilisation, nous savons comment y remédier. Redonnons à la famille la place qu'elle mérite dans la société: la première place. Voilà comment cela devrait fonctionner. Tout d'abord, la société donne les meilleurs sièges de la maison à la famille. La famille donne les meilleurs sièges de la maison à ses enfants

La famille décide si leurs enfants iront à l'école publique. S'ils/elles vont à l'école publique, l'école leur donne les meilleurs sièges de la maison. Si la famille décide d'élever ses enfants dans une religion, elle choisit méticuleusement une religion qui respecte les enfants, qui ne les endoctrine pas et n'utilise pas de coercition, dont les menaces de l'enfer.

Il y a de cela des siècles, les gens de tous les pays avancés savaient pertinemment bien que la terre est plate. Alors, quand un jour, un idiot, ne respectant pas les connaissances communément acceptées de l'establishment, osa murmurer que la terre étaient ronde et tournait autour du soleil, tout le monde crièrent: «Haro! sur le baudet!» Ils savaient qu'il était un anarchiste, ...un révolutionnaire et un non-conformiste dangereux! Qui oserait avancer une théorie de l'héliocentrisme, lorsque l'église catholique, en raison de son infaillibilité, savait, sans l'ombre d'un doute, que la terre est plate! Qui était-il pour oser déclarer que:

«La terre est ronde et tourne autour du soleil!»

Il aurait aussi bien pu accuser le pape d'être un idiot... Ça lui valut la même réaction de toute façon! Non seulement tout le monde pensait qu'il était fou, ils le voyaient comme une menace à l'ordre établi. L'église catholique le décréta *anathème!* Galilée fut contraint de se rétracter et de faire pénitence... Ce qui m'amène à penser que:

«Ce n'est pas le nombre d'idiots qui fait la force d'un argument!»

32

L'Utopie

«Il ya quelque chose de très utopique au sujet de ce que je fais. Mais l'utopie n'est rien de plus qu'une vérité que le monde n'est pas encore prêt à entendre.»
(Traduit de l'anglais par l'auteur)

Yann Arthus- Bertrand

Mon but en écrivant ce livre n'est pas d'essayer de vous instruire ou de vous endoctriner. C'est plutôt de vous présenter un menu de théories, de réflexions et de certains faits concernant la civilisation et ses difficultés à avancer au niveau suivant.

Ce niveau suivant, pour moi, serait d'être à l'écoute et de mettre en pratique la Règle d'or vieille de 2600 ans:

«Ne fais pas aux autres ce que tu ne veux pas qu'ils te fassent.»

C'est une règle que tout le monde connait et comprend, mais que, de quelque façon, nous n'avons pas encore réussi à appliquer à tous les niveaux des sociétés du monde. La famille est l'institution où nous l'appliquons le plus, quoique bien plus dans certaines que dans d'autres.

L'école est une institution où la règle d'or est sacrifiée, en grande partie, en raison de son approche coercitive et de sa pédagogie boiteuse. Le gouvernement est l'institution où elle est le moins appliquée, en raison de la corruption et de l'abus de pouvoir, et de l'omniprésente coercition envers les autres pays et envers ses propres citoyens. Est-ce à dire que nous sommes condamnés et qu'il n'y a rien à faire?

J'ai un optimisme prudent qui me rappelle que l'humanité, en dépit de ses faux pas, a démontré des signes nous encourageant à croire qu'elle veut faire avancer la civilisation davantage. Nous avons assisté à un certain degré de libération des femmes dans la plupart des pays industrialisés, l'abolition de la peine capitale au Canada et dans 18 États Américains. Sur les 195 États indépendants qui sont membres de l'ONU, 155 ont aboli la peine de mort.

Il y a aussi un effort mondial par divers mouvements pour sauver les espèces en voie de disparition, pour sauver les forêts tropicales, pour protéger les océans et toutes les étendues d'eau contre la pollution industrielle et domestique. Beaucoup de gens sont préoccupés par le réchauffement de la planète et tentent de pousser le gouvernement à mettre en place de nouvelles mesures visant à réduire l'empreinte carbone. Le dernier point, mais non le moindre, est que nous sommes témoins d'un effort de recyclage dans le monde entier. J'espère que nous réussirons à ralentir le réchauffement de la planète, *en faveur de l'accélération du réchauffement des cœurs.*

C'est un fait que les «Écoles de qualité» n'utilisent pas la coercition. C'est un fait que pour mettre en œuvre ce système sans coercition, tout le monde impliqué avec ces enfants doit également éviter la coercition, à partir des parents jusqu'aux concierges, ainsi que des chauffeurs d'autobus scolaire. C'est la seule façon que cela peut fonctionner.

Serait-il possible d'étendre cette philosophie à une ville toute entière? J'ai mentionné *La Théorie du Choix* comme étant l'un des livres importants du Dr Glasser. En 1997, il est allé à Corning, dans le Colorado, et a entrepris la tâche *Orwellienne* d'enseigner la *thérapie de la réalité* et la *théorie du choix* à une grande partie des enseignants de la ville et la théorie du choix à une grande partie des citoyens. Il a vendu 1000 copies de son livre *La Théorie du Choix* dans une ville de 12 000 habitants! Pour moi, ça démontre un grand intérêt de la part de ces citoyens.

«Corning a choisi, et dans une expérience sociale qui pourrait être utopique... les théories du Dr Glasser ont pénétré dans de nombreux coins de cette ville de 12 000, nichée dans un coin de la région de «Finger Lakes». (Traduit de l'anglais par l'auteur)

Lisa W.Foderaro dans le New York Times, 12 Juillet 2002.

Cet article de Lisa Foderaro, que je vous recommande, me donne l'espoir que la société, nantie d'une bonne éducation, -non pas de l'endoctrinement- *peut* s'améliorer et pourrait un jour abandonner ses coutumes barbares.

Parmi ces coutumes, je liste les guerres contre d'autres pays, les guerres civiles (Syrie, Égypte etc.), toute forme de dictature, l'esclavage, les meurtres, le racisme, l'assujettissement des femmes, les mutilations génitales féminines, les prisons, les ateliers clandestins aux Indes, la scolarisation coercitive obligatoire, et la liste continue! Parmi ceux-ci, certains progrès ont été réalisés dans certains pays.

L'esclavage a pratiquement été éliminé, dans le monde occidental, tandis que la subjugation de la femme a beaucoup diminué. La société, en ce sens, a fait un grand pas dans la bonne direction, en particulier en Amérique et en Europe. Pour nous rappeler combien il est difficile de combattre l'inertie socioculturelle, regardons la situation des mutilations génitales féminines dans le monde.

Aux États-Unis, l'un des pays les plus industrialisés, les MGF (Mutilations génitales féminines) sont illégales dans 16 de ses 50 états. Il y a donc 34 Etats où il n'existe aucune loi contre cette coutume barbare et criminelle! En Egypte, dans une enquête menée en 2008, plus de 90 % des femmes, entre l'âge de 15 et 49 ans, avaient subi une MGF. Pour les filles âgées entre 15 et 17 ans, le pourcentage n'était que de 74 %. Ce pourcentage devrait tomber à 45 % au cours des 10 prochaines années.

Quand j'ai écrit que le pourcentage *n'était que de 74 %,* je voulais souligner l'indulgence de la société envers une coutume aussi barbare. Pour moi, 74 % est non seulement beaucoup trop, *c'est une somme astronomique de quelque chose qui n'aurait jamais dû exister si ce n'est pour la cruauté de certaines sociétés abêties par un endoctrinement religieux et culturel!*

D'autre part, si la F.G.M. en Egypte est passée de plus de 90 % à 74 % pour le groupe d'âge des 15 à 17 ans, il y a des raisons d'espérer que la culture est en train de se «*débarbariser*» et d'accepter un changement marqué dans une courte période. Nous ne devons pas rester indifférents face à la situation critique d'environ un milliard de femmes dans le monde qui sont traitées pire que les animaux.

Une société qui ne respecte pas ou abuse une partie de ses citoyens ne mérite pas le titre de civilisée. Presque toutes nos sociétés modernes ne respectent pas leurs enfants en les soumettant de force à l'endoctrinement coercitif de l'école. De plus, elles abusent les femmes en les soumettant à l'assujettissement dans une grande partie du monde, par l'emploi de la violence physique et mentale, de la soumission à la MGF, et les mariages forcés, les crimes d'honneur, etc.

> «*La subordination juridique d'un sexe envers l'autre est un mal en soi, et maintenant l'un des principaux obstacles à l'amélioration humaine qui devrait être remplacée par un système d'égalité parfaite...* » (Traduit de l'anglais par l'auteur)

Harriet Taylor Mill

Avant de terminer ce chapitre, je voudrais ajouter un mot sur l'avenir de cette civilisation. Je ne voudrais pas passer pour un alarmiste, mais je voudrais vous laisser avec quelques réflexions sur la perspective inquiétante à laquelle l'humanité fait face.

Parmi les changements culturels dramatiques que nous devrions envisager sérieusement sont l'arrêt du réchauffement de la planète et la surpopulation. Si les masses étaient mises au courant des risques éminents de la surpopulation et incitées à limiter leurs familles à pas plus de deux enfants, nous verrions une stabilisation de la population et possiblement une diminution. Cela seul suffirait à arrêter, ou du moins, à retarder l'effondrement de la civilisation. La deuxième menace d'un effondrement éminent se rapporte à notre empreinte carbone.

> *«Le principal défi, bien sûr, est d'éliminer plus de la moitié de la consommation mondiale de combustibles fossiles d'ici 2050, afin de prévenir les pires conséquences du dérèglement climatique...»*
> (Traduit de l'anglais par l'auteur)

Paul R. Ehrlich † ⇓ et Anne H. Ehrlich

Crépuscule

Déjà le jour est consommé,
Et le soleil au loin décline.
À l'horizon, rouge enflammé
Sur la mer d'or, bas, il s'incline.

Comme l'âme d'un moribond,
Qui se retire dans le silence,
Son feu pâlit et ses rayons,
Pèsent sur la mer qui se balance

Le flot des eaux semble engloutir
Ce disque en feu qui sans bruit sombre,
Faisant d'un coup le ciel rougir,
Et la nature tomber dans l'ombre

Comme la fin, le dénouement,
D'un mélodrame dans un théâtre,
Comme un rideau la nuit descend,
Et vient cacher la vue de l'âtre.

Roméo Gauvreau, octosyllabe,
le 15 février, 1959.

Conclusion

«*Comme pendant une longue grossesse, j'ai porté ce livre dans mon cœur et mon âme depuis 1968-69.*» Dans *Le cheminement d'un titre*, j'utilisais cette métaphore pour expliquer le poids de la poursuite d'un idéal, d'une cause, quelque chose proche de notre cœur, comme l'embryon l'est pour une mère...

J'ai finalement donné naissance à ce livre, avec grande joie, après 45 ans de cette grossesse littéraire. Est-il à terme, est-il normal, tous ses doigts, tous ses orteils? Vous êtes la sage-femme qui m'avez aidé à le délivrer, et qui a examiné le produit de mon accouchement. J'espère que vous le considérez comme un bébé normal... En d'autres termes, un livre qui vous a diverti pendant de longues heures et, qui, en même temps, a réussi à provoquer en vous une réflexion sur notre société en général et sur notre système scolaire, en particulier.

On pourrait dire beaucoup sur ce pilier très important de notre société. Après que nous aurons implanté un système scolaire humain et seulement alors, il y aura de l'espoir pour une véritable évolution humaniste de la société. Et ce ne sera possible que si l'on reconnait l'importance d'arrêter d'endoctriner nos enfants, à la maison, à l'église et à l'école.

Quand, avec les meilleures intentions, nous façonnons nos enfants afin qu'ils s'intègrent dans la société, nous perpétuons le «statu quo». Et le «statu quo» est en deçà de ce que nous devrions viser à atteindre en tant que société: la réalisation de soi pour nos enfants et une culture libre de coercition, résultant en une liberté sociale démocratique qui les accompagnera dans leur vie d'adulte.

«Ce n'est pas une mesure de santé que d'être bien adapté à une société profondément malade.» (Traduit de l'anglais par l'auteur)

Krishnamurti

Après avoir donné naissance à ce bébé littéraire, ma tâche n'est pas terminée. Je vais continuer à l'aider à grandir et voir à ce qu'il continue à croître dans votre esprit et dans votre conscience pour faire naître une nouvelle ère dans la poursuite d'un système scolaire qui continuera la mission d'aider à actualiser une nouvelle sorte de citoyen, un citoyen avec moins de connaissances pédantes, mais plus de connaissance de soi et de l'autre. C'est là la seule connaissance réelle et essentielle pour une humanité renouvelée. Je vous dois un sincère merci pour m'avoir accompagné jusqu'à la fin.

Dites mes frères, dites mes sœurs,
Je vous aime tous/toutes!
Roméo (rgovro@shaw.ca)

Edwards Brothers Malloy
Thorofare, NJ USA
June 20, 2014